コミュニティ自治の未来図

共創に向けた地域人財づくりへ

東京都立大学法学部教授
大杉 覚／著

ぎょうせい

目次

第1章 コミュニティの現在

第2章 マルチスケールに考えるコミュニティ自治

第3章 地域人財としての自治体職員と地域担当制

第4章 「担い手不足」問題と地域人財の循環

第5章 過去・現在・未来をつなぐ地域カルテ

第1章

コミュニティの現在

1 躍動するコミュニティ、萎縮するコミュニティ

■コロナ禍を乗り越えるコミュニティ

地域づくりは人々の幸せや日々の生活の豊かさを実現することが目的ですから、コミュニティはそれら成果が具体化する主要な着地点の一つだと考えられます。実際、コミュニティをキーワードに今世紀に入ってからの地域づくりや自治のありようを探索すると、実に多様で躍動感あふれる動きが全国各地でうかがわれます。

その意味では、昨今のコロナ禍がもたらした影響は、こうした流れに水を差したのではないかと心配されます。コロナ禍による健康被害はもちろん、経済への打撃や暮らしのなかで強いられる行動変容など、ダメージは極めて深刻です。同様に、コミュニティにも大きな変容がもたらされたのは確かです。第一次緊急事態宣言が発令された2020年春は、町内会・自治会などの地縁団体にしろ、NPOなどにしろ、年次総会や各種行事など、当初予定されていたイベントは軒並み中止や延期、あるいは代替措置を余儀なくされたわけですから、それらの活動にブレーキがかかったことは否めません。

しかしながら、転んでもただでは起きない、ではないですが、これまでの実績を踏まえつつ、新境地を切り開く新たな試みが各地で芽生えた面も見逃せません。

例えば、那覇市の若狭公民館は、「政治ってなんだろう?～沖縄県議会選挙予定候補者が小中高生の疑

問に答えます～」（2020年5月23日開催）というオンライン・イベントを開催しました。タイトルにあるように沖縄県議会議員選挙に先立ち開催されたもので、立候補予定者10名に対して、小中高生6名がさまざまな疑問をぶつけるというもの。遠く離れた東京の自宅から筆者もＦａｃｅｂｏｏｋのライブ配信で視聴しました。

若狭公民館といえば、パーラー公民館（移動式屋台型公民館と称して、公園で地域へのアウトリーチをかける事業）など、優良公民館表彰をはじめ多数の受賞実績があるので、ご存知の方も多いでしょう。このイベントは、子どもたちに一種の政治参加の機会を提供するシティズンシップ教育という尖った取組みでした。沖縄の地だからこそということもあるでしょうが、やはり日頃からの地域での連携・交流の積み重ねがあっての賜物でしょう。

もう一例挙げておきましょう。三好市（徳島県）では高齢者のフレイル予防で「いきいき百歳体操」が広く普及しているそうです。市内各コミュニティにある地域包括支援センター直営の「通いの場」（市内58箇所）で、大勢でワイワイ集まって体操し盛り上がるそうです。ところがコロナ禍で密な集まりができなくなりました。外出もままならなくなり、身体的・精神的に悪い影響を及ぼさないかと心配されたことから、何とかならないかということで、より身近な集会所などに分散会場を設けてオンライン接続し、リモートでもコミュニケーションをとりながら楽しんでもらおうと、市役所や施設の職員らで試行錯誤を重ねて実現にこぎつけたのです。高齢者からは、Ｚｏｏｍ越しとはいえ、それまで会えなかった知人の声を聴くことができて好評を博したとのことでした。

こうした実証実験の苦労の末、まとめられた提案が「通いの場リモートリンク事業」です。タブレット端末など必要な機材の貸し出しだけではなく、高齢者が不得手な機器操作やトラブル時対応のために、例えばパソコン教室などの地元事業者や高齢者でもＩＴが得意な人を活用するなど、利用者である高齢者に寄り添った対応策が工夫されています。一見、地味に思われるかもしれませんが、困りごとに即応した実践的な提案であることや、コミュニティ資源をどう組み合わせれば、目的を実現できるのかを考え抜いた点は率直に評価されます。さらに、タブレット端末があれば災害時の緊急連絡・安否確認にも役立つと、発展的に捉える姿勢も好ましいでしょう。以上の提案を研修レポートにまとめた三好市職員の宮内鉄家さんは、全市展開実現に向けて意気込んでいます。

コロナ禍での制約をブレークスルーし、ステップアップを成し遂げたコミュニティ活動は、もちろん、これらに限りませんし、例を挙げ出せばきりがないでしょう。うちの地域ではこんなことも、という声があちらこちらから聞こえてきそうです。

■コミュニティの限界？

さて、ここまで読み進めて、違和感を感じられた方も少なくないでしょう。なかには憤りを感じたという方もおられるかもしれません。あまりにもコミュニティにバラ色の未来を託しており、現実から目を背けているのではないか、と。躍動するコミュニティばかりではない、衰退するコミュニティの方が圧倒的だし、むしろ、こちらに耳を傾けるべきだという声も聞こえてきそうです。

今世紀に入って間もなく、日本社会全体が人口減少の局面に突入し、超高齢社会を迎えたことから、コミュニティを取り巻く状況が一段と厳しさを増してきたのは確かです。「地方消滅」の警鐘が鳴らされ、

「消滅可能性」自治体がリストに掲げられ名指しされる(1)以前から、中山間地などの過疎地では、「限界集落」問題（過疎化が進むことで集落人口に占める高齢者数が過半を占め、冠婚葬祭をはじめ社会生活の維持が困難になる問題）が提起されていましたので、コミュニティ消滅の危機を現実問題として肌身に感じてきた地域も少なくないでしょう。現在では、過疎地にとどまらず、大都市近郊の住宅街やニュータウン地域、さらには東京の都心部ですら〝限界コミュニティ〟化は免れ得なくなっています。東京圏全体では当面は人口増加傾向が続くかもしれません。だからこそ、将来確実に出現する分厚い高齢者層への対応は待ったなしの状況です。いまは発展するコミュニティだからといって、その地位の永続は保証されていません。

ここ十数年間、東日本大震災以降、地震、水害など大規模な自然災害が頻発したことからも、コミュニティの重要さが再認識されてきました。現に復興途上の地域がまだまだ多くあります。原発事故からの復興を含めて考えると、気が遠くなるような時間を要します。そして、首都直下型地震や東南海地震など、近い将来深甚なリスクを負う事態が、広大な地域にわたって予測されることも考慮に入れなければなりません。ハード面での国土強靭化策だけではとてもではないですが追いつきません。コミュニティ再生や地域の絆づくりを目指したソフト面での施策を自治体が積極的に打ち出すようになり、国も地方創生を推進するなかでこうした取組みを後押ししてきましたが、裏を返せば、それだけコミュニティをめぐる問題状況は深刻だといえます。

人口や経済の指標だけから判断すれば、ごく一握りを除いてすでに衰退するコミュニティといって差し支えないでしょう。例外となるごく一握りについても発展するコミュニティから衰退するコミュニティへの移行は時間の問題です。だとしたら、社会経済情勢を直視しながらも、人口や経済といった指標にとらわれずに、コミュニティの態様そのものを考える必要があるのではないでしょうか。旧慣にとらわれることなく創造的な姿勢を示し、活動を通じてワクワク感を生み出し続けているかどうか。それを躍動／萎縮の軸と呼ぶならば、躍動するコミュニティづくりへの未来図を考えてみたいというのが本書の提案です。

衰退するコミュニティがすべて萎縮するコミュニティとは限りません。衰退しつつも躍動するコミュニティは十分考えられます。現に地方創生などで、地域づくりの成功例と紹介されてきた取組みは、いずれも衰退・躍動型といってよいのではないでしょうか。

同様に、発展するコミュニティだからといって、必ずしも躍動しているわけではなく、むしろ萎縮している場合も少なくありません。例えば、人口・経済指標で示される発展は、コミュニティ自体によらない外在的な要因（例えば、自治体・民間主導の大規模都市再開発など）でもたらされることも多いので、かえってそうした発展はコミュニティを脆弱なものとし、萎縮したコミュニティをもたらしうるからです（例えば、大規模開発によるコミュニティの分断など）。

地域づくりの観点からとりわけ注意を要するのは、衰退とともにコミュニティが萎縮していないか、そして、萎縮した姿勢がコミュニティの衰退を加速化させていないかが一つ。躍動といっても過熱して熱狂とまでなるとやがて疲弊し、やらされ感から萎縮に転じてしまいかねないので、いかに自己制御するかがいま一つ。仮に衰退期にさしかかっても無理なく躍動できるコミュニティであることにこそ魅力が感じられるのではないでしょうか。

■躍動／萎縮の物差しとなる三つの基準

冒頭で紹介したような躍動感あふれるコミュニティの活動ぶりに接する一方で、コミュニティが直面する課題に向き合えば向き合うほど、あらためてコミュニティとはと考えさせられます。コミュニティに関する議論は無数にありますが、ここでは躍動／萎縮を測る物差しとするべく、①地域のプラットフォームとしてのコミュニティ、②ネットワークの結節点としてのコミュニティ、③イノベーション（共創）の場としてのコミュニティ、を基準とするところから出発したいと思います。

まず、地域のプラットフォームとしてのコミュニティについてです。地域内には、町内会・自治会、各種特定の目的を持つ団体、ボランティア団体、ＮＰＯ、企業やその他諸団体など、地域に何らかの関わりを持つ多様なステークホルダー（利害関係人）が存在します。コミュニティはマルチステークホルダーから構成されるプラットフォームといえます。ステークホルダーの多彩さやキャラクター（能力・資質を含めて）はもちろん、どれだけ包摂できているかは躍動／萎縮の決め手となるでしょう。

プラットフォームとしてのコミュニティの見立ては今日では広く共有されています。本書でもたびたび言及しますが、国の第32次地方制度調査会が打ち出した答申でも、地域における公共私の連携のあり方で同様な発想が提示されました。ただし、プラットフォームという概念自体は多義的ですので、地域の実情に応じてどのような組み立て方がふさわしいのかは柔軟に考えられるべきでしょう。この点はあらためて第６章で述べたいと思います。

次に、ネットワークの結節点としてのコミュニティについてはどうでしょうか。地域の外に目を向ければ、コミュニティ自体が社会全体のなかでは、他のコミュニティや自治体、多様な社会の構成主体と並び立つ主体の一つであって、それら他の主体とで形成されるネットワークの一つの結び目＝結節点となっています。結節点であるコミュニティ側から見ますと、どれだけ他の主体との結びつきのルートがあり、どれだけの強度で結びついているのかが問われます。他の主体に開かれず、現にある数少ない結びつきも今にも途切れそうだとすると、そのコミュニティは社会から孤立した、そして閉鎖的な、そして萎縮したコミュニティになるかもしれません。だからといって、ガッチリとタッグを組めばいいわけでもありません。特定の主体に一方的に依存・従属する関係は好ましくありませんし、先方が強力な存在であったりしますと、力でねじ伏せられ、意図せぬ関係に絡め取られる、丸め込まれるような事態も懸念されます。あるいは、ネットワーク上で躍動しすぎてバランスを崩せば、コミュニティ自体のまとまりがつかなくなってしまうかもしれません。コミュニティらしく自主・自立を本分とするなら、相手に応じた対応を原則として、緩やかに、多様な主体に対して開かれることが望ましいでしょう。

最後に、イノベーション（共創）の場としてのコミュニティについてです。地方創生が地域づくりの大きな潮流となるなか、地域発のイノベーションが注目されてきました。躍動／萎縮を見極める重要な基準といえます。

とはいえ、コミュニティでの活動そのものは、必ずしもビジネスに直結しないことの方が多いかもしれません。また、多くの人々が納得しないと先に進めず、コンセンサス形成が重視されるので、創造的なビジネスには不向きだと指摘されることも少なくありません。確かにそういう面は否定できません。しかし、コミュニティが地域づくりの着地点であることもそうですが、むしろコミュニティでの関係や活動を通じて脈々と構築されてきた、地域のヒト・モノ・カネ・情報のネットワークが事業展開を下支えし、出発点となることも少なくないのです。例えば、土地の農産物を活かしたレストランを創業しようとするとき、農業者の地元団体や郷土料理の会などとの人脈が経営基盤となり、思いがけない事業展開を生み出したりするはずです。何よりも、コミュニティの人々が上得意の顧客候補です。一方で、コミュニティ側もビジネスに貢献することでその活動基盤を固められるので、相乗効果が期待されます。

デジタル・トランスフォーメーション（DX）は、事態を大きく変えつつあります。先ほどの若狭公民館や三好市の取組みでもオンラインが活用されていますが、機敏（アジャイル）にデジタル技術を駆使した共創は今後ますます注目されるでしょう。DXなどというと、先端領域の話であって、特定の狭いコミュニティとは無縁に思われるかもしれませんが、実際はその逆です。すでに日常生活のかなりの部分はデジタル技術によって支えられていますし、さらなる展開を目指して企業はこぞって自治体と連携し実証実験にふさわしいリアルなサイトを探しています。地域公共交通への自動走行の導入にしろ、ドローンによる配送サービスにしろ、遠隔医療や健康見守りのサービスにしろ、着地点としてのコミュニティとの関わりは欠かせないからです。

地域のプラットフォームとしてのコミュニティ、ネットワークの結節点としてのコミュニティ、イノベーション（共創）の場としてのコミュニティについては以上のとおりですが、三つの基準ですべてハイ・スコアをマークするコミュニティは、そうは見当たらないでしょう。得手不得手があって当然です。自らのコミュニティに引きつけてまず考えていただければと思います。

2 コミュニティの現状と見取り図

■コミュニティと地域・人・組織

本書でいうコミュニティとは、一般には地域コミュニティと呼ばれるものに相当します。広い意味では地方自治の仕組みに含めて考えられます。この場合、地方自治とは、地域という一定の地理的な範囲のなかで、居住し、活動する人々がいて、そうした人々の営みを支えるために自主・自律的な活動を目的とした組織があるという意味です。

都道府県や市区町村といった自治体では、これら地域、人、組織の三要素は、地方自治法など法令で規定されますが、本書でいうコミュニティのすべてが必ずそうだとは限りません。ただし、法令上の規定の有無にかかわらず、地域、人、組織の三要素が何らかのかたちで備わって成り立つものとして捉えたいと思います。

地域に関していえば、具体的な区域があって、それが市区町村など基礎的自治体の範囲内にあるのが通例です。地域ということばは多義的ですので、自治体の範囲を超えたり、一国単位、さらには国際社会をコミュニティと捉えたりすることさえあります。ただし、これらは本書の射程外です。また、自治体の〝範囲内〟をどのように考えるかは本書の核心に触れる論点ですので、マルチスケール概念（第2章）との関係で論じたいと思います。

人に関しては、組織のメンバーシップが地理的な範囲（区域）に紐づけられていることが重要です。要するに、コミュニティの構成員として認められる要件に、区域が関わるということです。もっとも、紐づけ方やその程度はさまざまに考えられます。コミュニティという以上、居住要件は重要なメルクマールになりますが、それだけで縛りをかけるとすると厳密すぎます。最近では、その地域で暮らすだけでなく、勤める、学ぶ、活動する人々にまで広げて考えられるようになってきました。その意味では、メンバー外（外部人材などということもあります）かもしれませんが、交流人口や関係人口といった表現が地域づくりで流通し重視されるようになってきたように、狭い意味での住民以外の存在も視野にいれなければ、コミュニティの全体像は捉えきれないことにも留意する必要があります。本書では、地域人財及びその循環という視点から、積極的にこの点を強調して述べたいと思います（第3章及び第4章）。

また、組織に着目すると、（地域）コミュニティは地域自治組織と呼ばれることもあるように、自主・自律的な活動を目的とし、特定目的の活動だけに限定されない組織が一般には想定されます。今日ではコミュニティ概念はさまざまな場面で使われますので、例えば、専門家や職業集団によって形成されるコミュニティ（学会や業界団体など）はもちろん、離合集散が繰り返される運動体的なコミュニティ（政治団体、芸術家グループなど）、そして現代を象徴する無数に簇生するネット上のコミュニティなど、さまざまな人の集まりがコミュニティと称されます。ただしこれらは、自治体よりも狭域で成り立つわけではありませんし、具体的な立地点・区域を持ちません。そして、何よりも特定目的に特化した組織であることから、ここでの（地域）コミュニティには含めません。むしろ、これらは、マッキーバーなど古典的研究ではコミュニティ概念と対比されるアソシエーションにあたるものです(2)。ただし、大学・学会をはじめとした研究・

教育機関・組織、企業、商工会や商店街といった経済団体、NPOやボランティア・グループなどを含めて、これら広義のコミュニティ（あるいはアソシエーション）は、本書でいう（地域）コミュニティにとってのステークホルダー（利害関係人）と考えるべきであり、コミュニティをめぐる議論においても開かれた存在として受けとめたいと思います。

以上、コミュニティに関する概念的な輪郭を描き出しましたが、本書で繰り返し扱うことにもなりますので、なじみ深い、代表的なコミュニティのタイプを紹介しておきたいと思います。

■地縁組織と町内会・自治会

コミュニティ組織のうち、「近隣」「ご近所」など一定の居住区域を範囲に編成された組織を地縁組織と呼びます。地縁組織は、地域住民相互の親睦・交流や地域で必要とされる共同活動のために自主的に組織された住民組織です。

地縁組織のなかでも、町内会・自治会のように、「町又は字の区域その他市町村内の一定の区域に住所を有する者の地縁に基づいて形成された団体」を、地方自治法上では「地縁による団体」（地縁団体）と呼びます。町内会・自治会は、全国にわたり多数存在しています（図表１－１参照）。

地域によっては、町内会・自治会は、さらに小さな単位の班や集落、区などに

図表１－１　地縁団体の名称別総数の状況

（単位：団体、%、調査基準日：原則として平成30年4月1日）

区分	自治会	町内会	町会	部落会	区会	区	その他	合計
団体数 構成比	131,679 (44.4)	67,869 (22.9)	17,937 (6.0)	4,960 (1.7)	3,426 (1.2)	37,098 (12.5)	33,831 (11.4)	296,800 (100.0)

（注）構成比は小数点以下第２位を四捨五入しているため合計しても100とならない。
（出典）総務省資料

区分されることもあります。また、町内会・自治会が学校区や自治体の単位で集まって上部団体である連合組織が作られるのが一般的です（自治会連合会など）。

地縁組織には、町内会・自治会のような一般目的の組織のほか、特定の活動目的を掲げたり、主たる対象者を絞ったりした組織も存在します。例えば、防災活動を主目的とした自主防災組織、高齢者（女性、子どもなど）の親睦・交流を目的とした敬老会（女性会、子ども会など）などです。その他にも、ボランティア活動を行ったり、趣味やスポーツなどの同好会活動を行ったりする組織もあります。これらは人的つながりでも、財政面でも、町内会・自治会と密接に連携して活動することが多いようです。

■認可地縁団体

地縁組織のうち、一般目的で組織される町内会・自治会のような、「地縁による団体」は、地域の共同活動で使われる集会施設・事務所などの不動産やその権利等を保有していることがあります。町内会長など代表者個人の資産として保有されることも多いのですが、役職の交代時の引継ぎや遺産相続などでトラブルが生じたり、責任の所在が不明確になったりしがちです。そこで、市区町村長からの認可を得て、法人格を持つ認可地縁団体として財産管理が可能になる仕組みを利用する町内会・自治会等もあります。この認可地縁団体は、5万1030団体、全国市区町村の85％に存在します（平成30年4月1日現在、総務省調査）。

市町村長は、地縁団体が一定の条件を満たす場合には、認可しなければならないとされていますが、その条件とは次の四つです（地方自治法第260条の2第2項）。

一　その区域の住民相互の連絡、環境の整備、集会施設の維持管理等良好な地域社会の維持及び形成に資する地域的な共同活動を行うことを目的とし、現にその活動を行っていると認められること。
二　その区域が、住民にとって客観的に明らかなものとして定められていること。
三　その区域に住所を有するすべての個人は、構成員となることができるものとし、その相当数の者が現に構成員となっていること。
四　規約を定めていること。

なお、現状では、この認可地縁団体がもっぱらコミュニティを対象とした唯一の法人格の仕組みです。もちろん、コミュニティが、ＮＰＯ法人など他の法人格を取得することもできますし、現にそうしている例もあります。コミュニティにとってもっと使い勝手のよい法人制度が必要ではないかという議論は、後述する小規模多機能自治との関連でも問われています。

■地域自治区などの地域協議会

一般に、複数の異なる主体を構成メンバーとして協議機能を持つコミュニティを地域協議組織と呼びます。地域協議組織には幾つかのタイプがありますが、その設置根拠で分別すると、国の法令に基づく法定の地域協議組織があります。

平成の合併時、特に母都市に編入された旧自治体の地域に対する激変緩和措置として、市町村の合併の特例に関する法律（以下、合併特例法）によって創設された仕組みとして、地域審議会（合併市町村の単位に設置可）、地域自治区（合併市町村の区域、一部の区域、複数の区域に設置可）の地域協議会、合併特例区（合併市町村の区域、一部の区域、複数の区域に設置可）の合併特例区協議会があります（なお、合併特例区のみ法人格を有する特別地方公共団体です）。

合併自治体かどうかにかかわらず用いることのできる一般制度としては、地方自治法上の地域自治区の地域協議会があります。指定都市については、指定都市の区を単位として設置できる区地域協議会の仕組みがあります（現在、新潟市、浜松市で設置されています）。

これら法定の地域協議組織は、自治体の首長からの諮問に応じて審議し答申をまとめたり、取りまとめた意見を首長に述べたりすることで、地域住民の意思を伝えることができます。

■協議会型住民自治組織

平成の合併以降、小学校区や中学校区などの一定の広がりを持つ区域を単位に協議会型住民自治組織と呼ばれるタイプの地域協議組織が設けられる傾向が全国的に広がりました。地域課題の包括的な解決や地域住民の連携などを目的として、その区域内で活動する町内会・自治会といった地縁組織やボランティア団体、NPO、商工関係団体（商店街組合など）、あ

図表1－2　地域審議会・地域自治区・合併特例区の設置状況

地域協議組織の種類	2006年7月1日現在	2020年4月1日現在
地域審議会	216自治体（780審議会）	19自治体　（47審議会）
地域自治区（一般制度）	15自治体　（91自治区）	13自治体　（128自治区）
地域自治区（合併特例）	38自治体（101自治区）	9自治体　（18自治区）
合併特例区	6自治体　（14特例区）	0自治体　（0特例区）

（注）総務省市町村の合併に関する研究会「新しいまちづくりを目指して」（平成19年3月）、総務省ホームページhttp://www.soumu.go.jp/gapei/sechijyokyo01.htmlより作成

るいは民間事業者など多様な主体によって構成されるのが一般的です。「○○まちづくり協議会」であるとか「○○住民自治協議会」などその名称も多様です。

協議会型住民自治組織のなかには、町会連合会など地縁組織の連合会組織や地域の公民館が中心的役割を果たし、それを核に地域の諸団体が連携して自主・自立的に立ち上げられるなど、地域住民主導で展開されてきた事例は以前から全国各地で見られてきました。

一方、国が打ち出したコミュニティ政策の影響も見逃せません。重要な契機は、コミュニティ問題を「不完全ながら正面から取組んだ最初の試み」を自認した、国民生活審議会調査部会コミュニティ問題小委員会報告『コミュニティ—生活の場における人間性の回復』（1969年）が挙げられます。同報告書では、伝統的な地域共同体の崩壊、現代の生活の場でのコミュニティの欠如、行政機構での住民参加の声を取り入れる組織の体系的な不備などが指摘されました。これを転換点に、1970年代以降、自治省は、概ね小学校区を単位にモデル地区指定するかたちで、コミュニティ政策を推進してきました(3)。

今世紀に入って、学区単位の区割で自治体全域を網羅した仕組みづくりが自治体主導で推進されるようになった背景には、1970年代以来のコミュニティ政策での経験とともに、新たに平成の合併にともなう地域間のコミュニティ制度のすり合わせや合併後の地域づくりが求められるようになったことが挙げられます。

加えて、合併の有無にかかわらず、人口減少・高齢化による町内会・自治会を中心とした地縁組織での担い手不足、加入率の低下、コミュニティ意識の希薄化が進展したという問題意識が強く持たれるようになったことも重要です。実際、自主・自立的な地域環境を維持する取組みや共同活動が停滞しはじめた地域が現れるようになったばかりでなく、行政にとっても、行政の肩代わりで地域により担われてきた、例えば、広報紙の配布であるとか、街路灯の管理、円滑なゴミ収集のための地域でのルールの順守などといった役割が期待できなくなってきたことに対処する必要性に迫られだしたのです。２０００年代から進められた国・自治体を通じた構造改革による行財政効率化が、こうしたコミュニティをめぐる問題状況をより鮮明に浮き彫りにした側面も無視できません。

いずれにせよ、協議会型住民自治組織が導入される場合、個別単位の町内会・自治会よりも広域で、それらの連合組織が置かれる区域に相当する小学校区や中学校区などに活動の範囲が広げられ、その区域内でさまざまな活動を行う地域の諸団体を包括し、よりいっそう連携・協働をしやすくさせることで、住民による自治活動の基盤を安定させるねらいが込められてきたのです。

学校区単位に活動範囲が広がり、さまざまな団体との連携・協働が進めやすくなれば、例えば、防災訓練や最近では深刻な課題になってきた認知症行方不明者捜索訓練、学校の登下校時の見守り活動、総合型地域スポーツクラブの組織運営なども展開しやすくなるというメリットが考えられます。また、自身の活動拠点となる交流センターなど施設の指定管理者制度の指定を受けたりしやすくなるでしょう。

しかし、その一方で、単に単位を拡張して連携・協働を進めるだけでは、人口減少・高齢化などの根本原因が除去されるわけではないので、担い手不足などの問題は解消されないのではないかという疑問が呈されることもあります。また、既存のコミュニティとの役割分担や棲み分けが複雑になり、屋上屋を重ねるだけではないか、かえって調整に労力がかかってしまうことにならないか、などといった課題が提起されたりします。これらはコミュニティの未来図を考えるうえで避けては通れない課題です。

■小規模多機能自治と地域運営組織

協議会型住民自治組織と密接に関連するのが、小規模多機能自治と地域運営組織（ＲＭＯ）です。小規模多機能自治とは、「自治会、町内会、区などの基礎的コミュニティの範域より広範囲の概ね小学校区などの範域において、その区域内に住み、又は活動する個人、地縁型・属性型・目的型などのあらゆる団体等により構成された地域共同体が、地域実情及び地域課題に応じて住民の福祉を増進するための取組を行うこと」(4)を指します。伊賀市・名張市・朝来市・雲南市の４市が取りまとめた『小規模多機能自治組織の法人格取得方策に関する共同研究報告書』（平成26年２月）で提起された、比較的新しい概念です。同報告書ではコミュニティでの小さな自治にふさわしい法人格をめぐる議論が提起されましたが、４市を中心に２０１５年２月に設立された小規模多機能自治推進ネットワーク会議には、直近（２０２１年１月12日付Ｆａｃｅｂｏｏｋ投稿参照）では会員数３３６、うち自治体２７１、団体47、個人18を擁し、47都道府県にわたる、最大級の遠隔型自治体間連携にまで発展しています。小規模多機能自治に関する問題関心の高さがうかがえる数字です。

小規模多機能自治とその法人格のあり方をめぐる議論から派生したのが、地域運営組織というこれもまた新たな概念です。地域運営組織とは、「地域の暮らしを守るため、地域で暮らす人々が中心となって形成され、地域内のさまざまな関係主体が参加する協議組織が定めた地域経営の指針に基づき、地域課題の解決に向けた取組を持続的に実践する組織」(5)と定義されます。この定義からもわかるとおり、地域運営組織は、「地域課題を共有」し、「解決方法を検討」するための「協議機能」と、「地域課題解決に向けた取組を実践」するための「実行機能」とから構成されます。地域運営組織にはさまざまなタイプの組織形態が考えられますが、大別すると、①協議機能と実行機能を同一の組織が併せ持つ「一体型」と、②協議機能を持つ組織から実行機能を切り離して別組織を形成しつつ、相互に連携している「分離型」があります（図表1－3）。

「一体型」は先に述べた協議会型住民自治組織が既存の地域団体などを包摂し、場合によってはそれらを統合再編して部会制・委員会制をとることが多いようです。この場合は、コミュニティが一体的に法人化することになります。「分離型」の場合は、協議会型住民自治組織等とは別法人を（場合によっては同じコミュニティ内に複数の法人を）設置し、実行機能を確保するケースです。

地域運営組織は、政策面では国の地方創生に位置づけられ、目標実現に向け、総務省その他府省からの支援策となる各種財政措置のメニューも充実されるなど、国が積極的にコ

図表1－3　地域運営組織：一体型と分離型

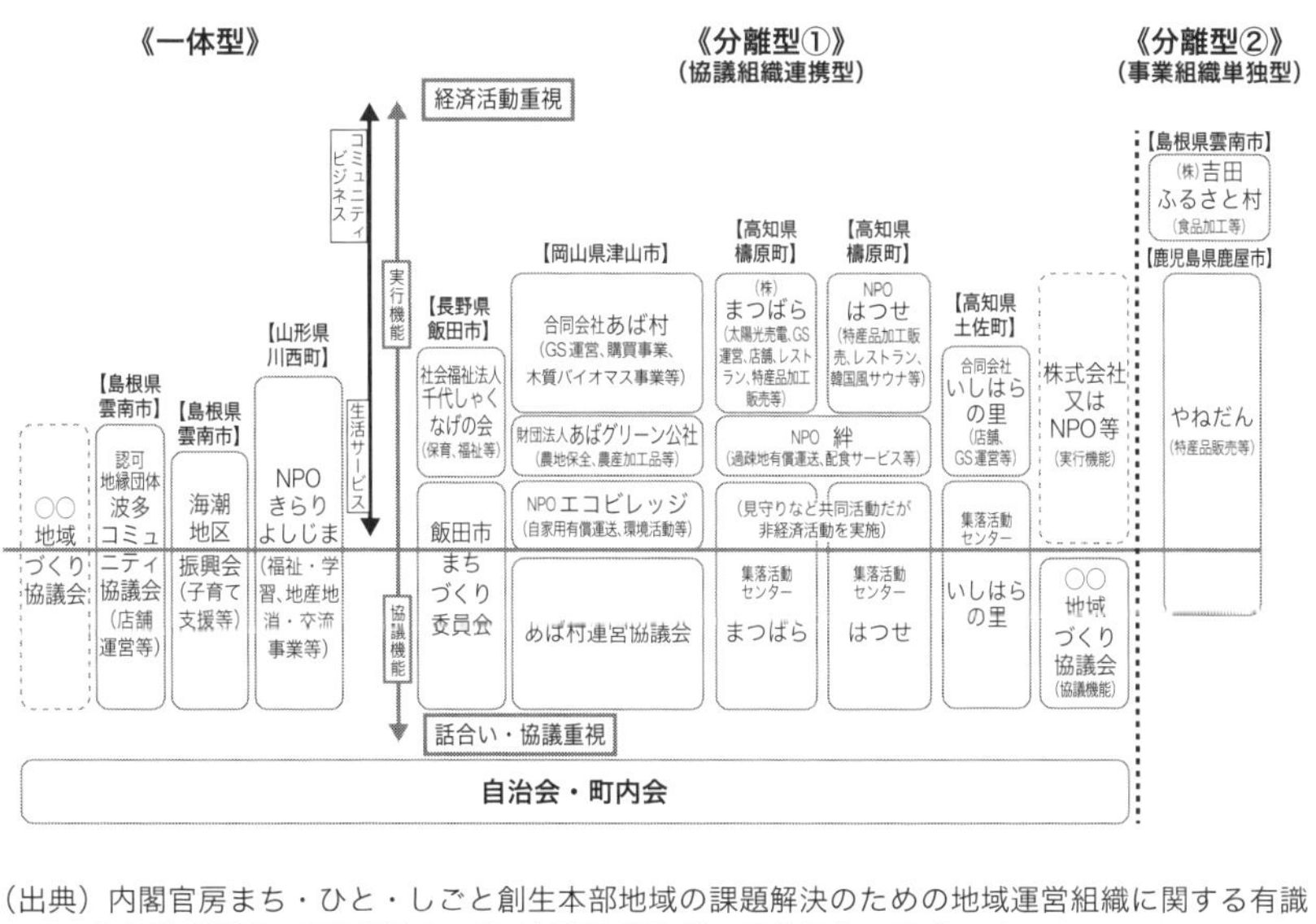

（出典）内閣官房まち・ひと・しごと創生本部地域の課題解決のための地域運営組織に関する有識者会議「地域の課題解決を目指す地域運営組織　最終報告」平成28年12月13日、4頁

ミットし続けてきました。国の「まち・ひと・しごと創生総合戦略（2015改訂版）」で「住民の活動組織（地域運営組織）の形成数：3000団体を目指す」とKPIが設定されたことから、筆者は〝RMO3000〟ショックと呼んだことがあります。コミュニティ・レベルの組織数に数値目標を設定することがなじむのか、そもそもどの程度まで国が介入するのが望ましいのか議論の余地はありそうですが、その後、「2017改訂版」総合戦略では「5000団体」に目標が引き上げられ、さらに第2期総合戦略では「7000団体」にまで引き上げられるとともに、「生活支援など自主事業の実施等による収入の確保に取り組む地域運営組織の割合」を「60％」とするKPIも追加されています。

国の地方創生総合戦略で同様にKPIが設定されている、過疎地域など条件不利地域を対象とした小さな拠点や集落ネットワーク圏とも共通しますが、地域運営組織においても、地域での生活に必需なサービスの確保を念頭に置いた実行機能を重視した取組みである点に特徴が認められます。参加・協議よりも協働・実働に重きを置く傾向にある日本のコミュニティ自治の特質とも親和性のある取組みだといえるでしょう。

■コミュニティの全体イメージ

以上述べたコミュニティのタイプは図表1－4のような全体イメージとして位置づけられます。本書ではスケールという概念を用いて空間の広狭を第2章以下論じますが、ここではとりあえず、自治体・学校区・近隣と大まかにコミュニティ単位の規模を区分してみました。

また、図表1－4では、介護・福祉サービスのあり方や災害対策について地域で考えるときに用いられる、自助・共助・公助という概念を組み合わせて整理しています。自助とは、自分のことは自分で決める、自分で責任を持つということです。「津波てんでんこ」はその典型です。実際には、自分だけではなく、もう少し広げて、その家族を含めて考えるのが一般的です。自助については図表1－4中には示していませんが、自分一人では対応しきれないことでも、多様な主体との関わりや支え合いで成り立つ公共空間に場を広げることで解決される場合もあります。そして公助とは、自助でも共助でも対応しきれない場合はもちろん、自治体や国がその本来的な責務としてしっかりとサポートすることが求められる場合に提供される公的サービスを指します。

コミュニティを語るうえでは、自助と共助の間に互助を挟み込むとより理解しやすくなるので、ここでは、自助・互助・共助・公助の4段階で考えます。互助とは、共助同様にコミュニティが存立する主要な場ですが、共助がコミュニティと行政との協働を前提に考えられることが多いのに対して、互助はより身近で人的な結びつきが強いケース（ご近所ぐるみ）が想定されます。

図表1－4　コミュニティのタイプと全体イメージ

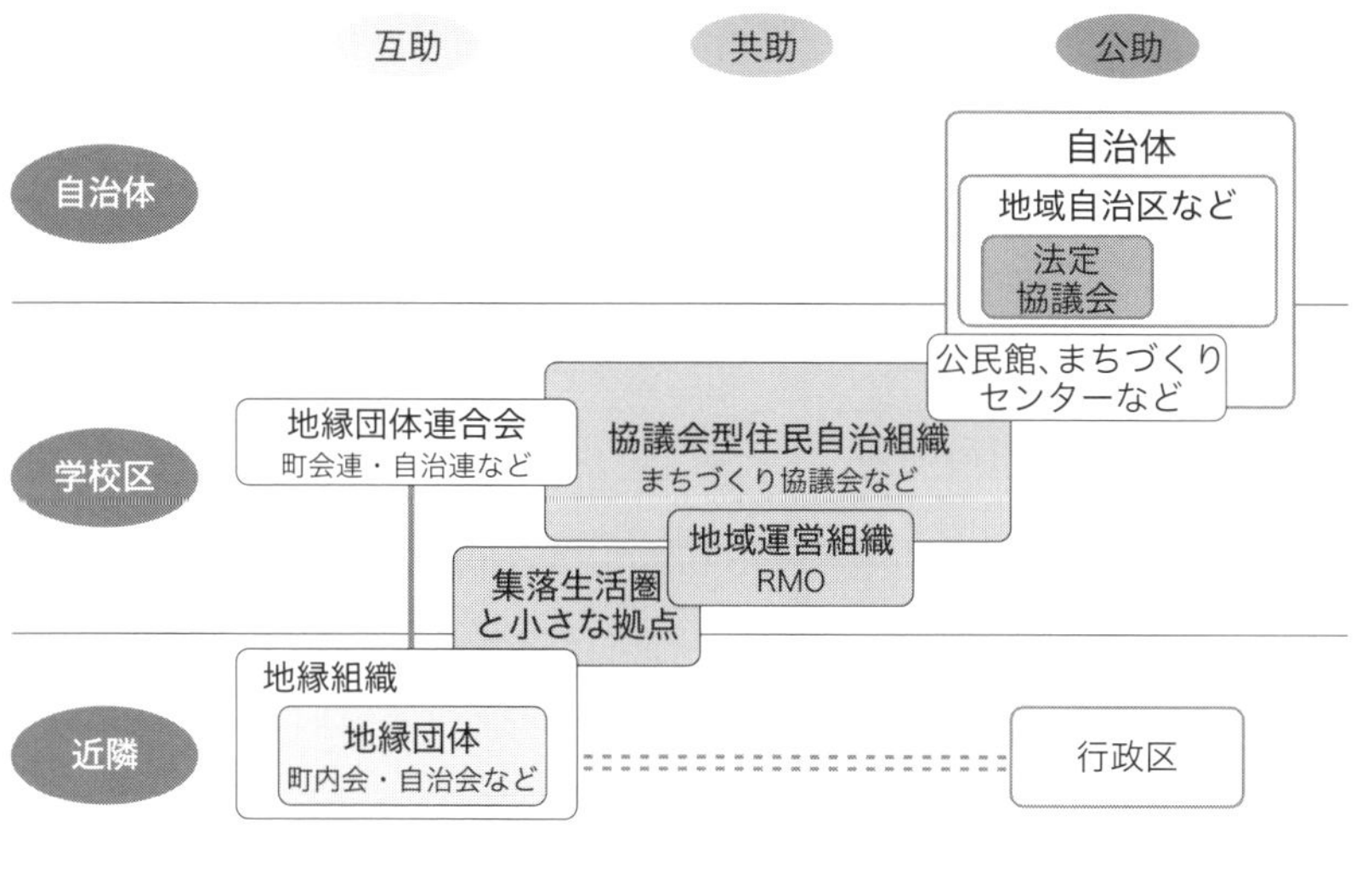

3 本書の構成

本書は、ほどよく躍動感を持続可能にするようなコミュニティのあり方＝未来図について、地方自治の観点から考察するものです。もちろん、あらゆるコミュニティに当てはまるような、具体的な処方を付した未来図を描き上げる、といったものではありません。そういった画一・均一な凝り固まった発想は、コミュニティをめぐる議論にはそもそもそぐわないからです。

本章に続く第2章は、コミュニティをめぐる問題構造を柔らかく解きほぐす試みとして、マルチスケールという視点を導入します。地域社会は、すでに見たように、ご近所づきあいや町内会・自治会などの近隣コミュニティ、学区単位のコミュニティなど、次元や範囲の異なる多様なコミュニティの重なりから成り立っています。こうした多様な重なりをマルチスケールと呼びます。マルチスケールな視点からコミュニティを捉えることで、自治体によるコミュニティ政策をダウンスケーリング戦略と位置づけてみたいと思います。第2章で展開される一連の議論は、コミュニティに限らず、地方自治に忍び込まされている既成の理解（同心円状の世界観と呼びます）に対する問題提起でもあります。

第3章は、自治体職員はダウンスケーリング戦略の主体であると同時に住民としてどのようにコミュニティに向き合うべきかという問題意識を踏まえて、特に近年制度化が進められてきた地域担当職員制度について、具体例を交えながら検討します。

第4章は、コミュニティに主に関わる地域人財である住民に焦点を当てます。本章でも触れたように、地域における「担い手不足」問題こそが萎縮・衰退するコミュニティの最大要因の一つといえるでしょう。女性、若者という見失われがちな主体をいかに人材循環させるかについて、中間支援機能のあり方を含めて検討します。

第5章は、地域づくりでワークショップなどが盛んになるなか、再び注目されてきた地域カルテや地域計画について検討します。

第6章は、コミュニティ自治の基盤となる財政についてです。コミュニティ会計の考え方や、一括交付金制度など個別の仕組みやそれらを活用した自治体の取組み事例を取り上げながら、「小さな自治」「小さな政治」であるコミュニティ自治の本質について考察します。

そして第7章では、コミュニティの未来図の描き方について展望します。

〈注〉

(1) 増田寛也『地方消滅』中公新書、2014年。
(2) R・M・マッキーバー、中久郎・松本通晴監訳『コミュニティ』ミネルヴァ書房、1975年。
(3) 1970年代から自治省によって推進された地域コミュニティ政策の詳細と評価については、山崎仁朗編『日本コミュニティ政策の検証』東信堂、2014年参照。
(4) 小規模多機能自治推進ネットワーク会議会則第2条による。
(5) 総務省『暮らしを支える地域運営組織に関する調査研究事業報告書』(平成28年3月)、3頁。

第2章

マルチスケールに考える
コミュニティ自治

1 「虫の目」＝ダウンスケーリングという着想

■ダウンスケーリングとは

ダウンスケーリングとは聞きなれないことばかもしれません。用いられる専門分野によって多少の意味のズレはあるようですが、もともとは地図上の縮尺（scale）に由来します。スケール＝尺度を変えて細部まで詳細に見えるようにすることです。平たくいえば、ダウンスケーリングとは「虫の目」で見ようとすることです。その逆は、「鳥の目」で俯瞰的に見渡すことで、アップスケーリングといいます。

気象予報を例に挙げましょう。全球的な予測は、地球温暖化にともなう気候変動を確認したいならばともかく、日常の暮らしでは粗すぎてあまり役に立ちません。海外旅行に出かけるならば、現地の予報がわかればいいですし、刻々と変化する台風の進路であればせいぜい東アジア地域が視野に入ればいいわけです。季節の到来を感じる桜の開花予測や梅雨前線であれば列島ワイドで十分です。局所的なゲリラ豪雨の襲来を警戒するならば、かなりきめ細かなエリアで予測する必要があります。最近では、スマートフォンのアプリで、住所地別に天気予報を確認できるので、気候に合った衣服を選んだり、レーダーが捉える雨雲の動きから傘を持って出かけた方がよいか判断しやすくなりました。気象学の世界では、データを把握・分析・予測する単位を細分化し、その細分化された空間の気象情報を詳細に捉えることを指してダウンスケーリングといいます。ダウンスケーリングということばを知らなくても、実はその恩恵は普段から受けていたのです。

■コミュニティ自治とダウンスケーリング

さて、このアイデアを、市区町村という基礎的自治体を中心に据えて考えてみましょう（図表２－１）。コミュニティ自治や地域づくりなど、自治体内のよりきめ細かな単位を詳細に見ていくのは「虫の目」、すなわち、ダウンスケーリングにあたります。

例えば、合併自治体であるX市を想定します。合併前の旧市町村のエリアであるX～Z地区を単位にコミュニティ自治のあり方を模索しようとすれば、それはダウンスケーリングの取組みにあたります。より狭域なエリアにダウンさせていくと、その内部の学校区、さらに小さな単位の町内会・自治会といった地縁のレベルに焦点を当てることもできます。

逆に、近隣の自治体間での多様な広域連携であるとか、都道府県との関係、さらには道州制導入に関する論議などは、X市を基準とすれば、アップスケーリン

図表２－１

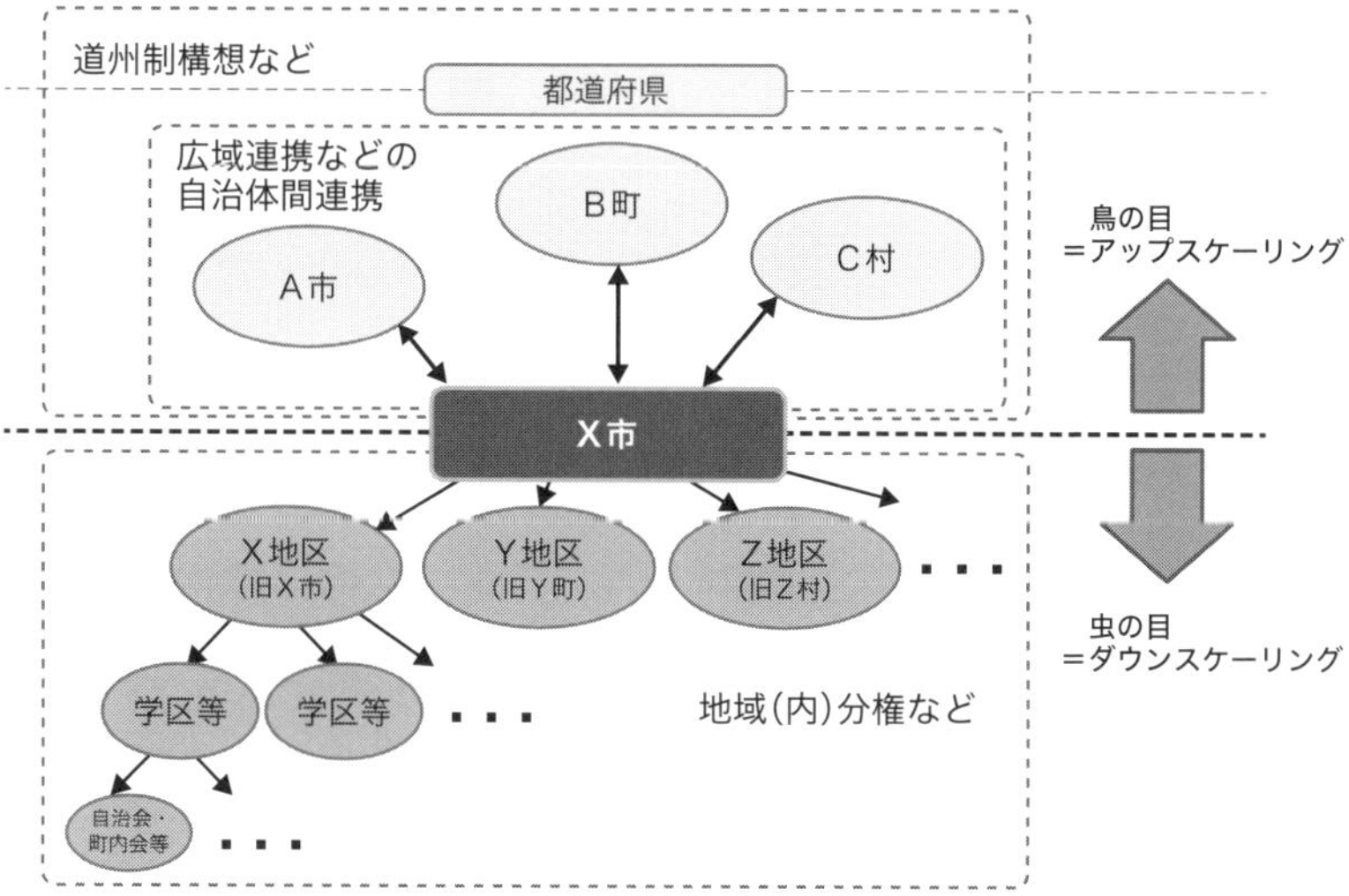

グ＝「鳥の目」で見た取組みと整理されます。さらにアップスケールさせれば、国やグローバル社会が視野に入ってきます。

アップとかダウンとかいいましても、どの単位を基準にとるかで同じ対象でも位置づけは当然異なります。例えば、旧市町村のエリアX地区という単位は、合併自治体であるX市から見ればダウンスケーリングと捉えられますが、学区や町内会・自治会の次元から見ますとアップスケーリングです。

どこか基準をあらかじめ定めていないと議論が混乱しますので、本書では、図表２－１で示すように、住民に最も身近な自治体である市区町村を基準にします。ただし、これはあくまでも便宜上の扱いです。この点を踏まえたうえで、自治体を基準にダウンスケーリングしたコミュニティ自治のあり方を考えてみようというのが本書のテーマです。

2 コミュニティ自治とマルチスケール・ガバナンス

■地域社会はマルチスケール

このように地域社会を捉えるスケールは多様な段階で考えられます。あたかも望遠鏡や顕微鏡の倍率を変えるように、さまざまなスケールに焦点を合わせることが理屈のうえでは可能です。ＰＣやスマートフォンが普及した現代では、グーグル・マップなどの地図情報サービスを使ってスケールの倍率を操作すれば、手軽に視覚的に体験できます。世界地図の次元から隣近所の次元まで、尺度の倍率を変えて確認してみましょう。

倍率の設定によっては、意外な地域間の結びつきやエリアのまとまりが浮き彫りになります。例えば、舟運が盛んな時代には活発に往来があり結びつきがあったのが、鉄道路線や道路網など近代的な交通体系が整備され、産業構造が変化したことで、近年では交流がほぼ途絶えて、関係が見えにくくなってしまったような地域同士のつながりが同一の画面上に表示されたりします。あるいは、空港や高速道路の出入口への距離次第では、近隣の中核的な都市へのアクセスよりも、相当に倍率を上げないとはみ出してしまうような、東京などの大都市、さらには海外との関係が途端に視野に入ってきたりもするのです。

このように考えると、現実の社会は、多様なスケールが重層的に構成されて成り立っていることがわかります。これをマルチスケールな社会構成（あるいは、マルチスカラリティ multiscalarity）と呼びます(1)。

本書でコミュニティ自治の現状を把握し、未来図を描こうというときに前提となる考え方です。

■マルチスケールな暮らしの実態と実感

社会をマルチスケールに捉える発想からすると、どのようなスケールで空間の単位を切り出し選択するのかは、理屈では無限の組み合わせが考えられます。

自らのアイデンティティ（帰属意識）を国に見出すこともあれば、生まれ育った故郷を真っ先に思い浮かべることもあるでしょう。県民意識が前面に出ることもあれば、都市や特定のエリアを「住みたい街」だとして特別な愛着を抱いたりすることもあります。逆に特定の地域に嫌気や反発、あるいは対抗意識を覚えることもあるかもしれません。なかにはまったく地域に対して無頓着な人がいてもおかしくありません。これらを同時にいくつか併せ持っていても不思議ではありませんし、むしろその方が普通かもしれません。

情緒的な面ばかりではありません。しばしば、日常生活圏、社会経済圏などということばが使われるように、買い物や通院・通所、通勤・通学など、スケールの異なる圏域にわたって、活動し生活を営むのは、現代人にとってはごく普通のことです。

そして、個々人の暮らしで見ると、自治体の境界とも異なることも少なくありません。東京近郊に暮らす筆者自身、ふだんの買い物や歯の治療での通院は徒歩圏ですませますが、そのエリアは境界近くに暮らしているせいか二つの自治体にまたがっています。1時間あまりの通勤となると、都県境を二度またぎ、発着点を含めて計八つの自治体を通過します。やや多い方かもしれませんが、東京のような大都市圏では珍しくありません。クルマ社会が定着した地方圏では、職場までは30分もかからない職住近接だけれど、買い物・通院となると近隣自治体にあるショッピングモールや病院にまでわざわざ出かけなければならなかったりします。

どれだけ意識するかはともかくとして、現代人の日常生活を地理的・空間的な広がりとして描き出せば、いくつものスケールで構成されるという意味で、マルチスケールそのものといってよいのです。しかも、ライフ・ステージが変われば変化します。仮に居住地は変わらなかったとしても、例えば、学生時代と社会人になってからとではその活動範囲は異なります。進学や就職、結婚や子育て、あるいは転勤・転職などでそもそも居住地自体が変わることもあるでしょう。先ほど挙げた日常生活圏や社会経済圏といった括りは、パーソントリップ調査などのデータをもとに個人の活動範囲を積み上げたマクロなデータですので、個々人のミクロな暮らしの実態や実感とは一致しなくても不思議はありません。

■コミュニティの相場感とのズレ

では、コミュニティという一定の社会的なまとまりについてはどうでしょうか。個人の意識や活動範囲が千差万別だからといって、まったく無秩序にスケールが選択されるわけではなさそうです。現にあるコミュニティ、あるいはこれから新たに設けようとしているものも含めて、それらには、おおよその相場（共通認識、と言い換えてもいいかもしれません）が成り立っているように思われます。

例えば、身近な地域での町内会・自治会などの活動や行事、学校区単位で設置された○○協議会などでの取組みを思い浮かべてください。コミュニティのありようは、同じ名称で呼ばれていても、地域の実情に大きく左右されます。活動内容が違うのはもちろん、熱意や活発さにも顕著な温度差が認められるのがふつうです。それでも概ねコミュニティの活動といえばこのようなものだと、了解は得られているはずです。このような了解に基づく相場感があるからこそ、了解のある人々の間では、コミュニティ自治に現実味が与えられるのです。

しかも、こうした相場感は、洋の東西を問わない普遍性があるようです。一例を挙げてみましょう。イギリスのコミュニティ研究を専門とするあるシンクタンクの報告書では、自治体内の近隣レベルを、非公式の互助がベースとなる街路・街区単位（人口50〜300人）、地元意識を持つ複数街区程度の範囲の単位（人口500〜2000人）、そして、公園や学校、診療機関や図書館など公共施設が配置される行政計画上の単位（人口4000〜15000人）、の三つに区分しています(2)。この例では、三つのスケールでコミュニティを捉えたことになります。

例示された人口規模に照らしてみますと、街路・街区単位は概ね日本では、ご近所界隈や集落レベルに相当し、複数街区単位は都市部であれば町内会・自治会規模にあたり、行政計画単位は概ね学校区レベルといえそうです（第1章図表1−4参照）。日英の相場感が似通っている点は興味深いところです。空間的範囲がどの程度の広がりか（境界）、そして、その境界内の空間で成り立つ単位がどのような役割を果たしうるか（機能的属性）を手がかりに判断できるためでしょう、コミュニティの単位の相場感はさほどぶれたりせず、異なる国の間でも容易にイメージを掴めるのです。だからこそ、より専門的な都市計画分野でもこうした発想をベースに議論を組み立てています。例えば、田園都市構想（E・ハワード）や近隣住区論（C・A・ペリー）など、日本のまちづくりに大きな影響を与えた理論にもうかがえます。

個人の暮らしのあり方が多様化し、それに従って、人それぞれのスケールで、しかもマルチスケールに暮らすようになってきた一方で、コミュニティについて抱くイメージはといえば、いま述べたように、どちらかといえば昔ながらの発想で捉えられがちではないでしょうか。したがって、両者にズレが見られるのもやむを得ないのです。そして、ここにコミュニティ自治をめぐる問題の核心があると考えられます。

近世までのマチやムラといったコミュニティは、人々の暮らし全般と不可分な、地縁的・身分的・職能的共同体とイコールな存在でしたので、こうしたズレは生じ得なかったことでしょう。ところが、近代以降、身分制が解体され、社会の流動化が進むにつれて、「暮らし」と「生業」の場は次第に乖離するようになったのです。それにつれて日常生活での「親睦・交流」の機会も失われてきたわけです。こうした変化が徐々に進行し、高度成長期以降になると、かつては分かち難く結びついていた「暮らし」「生業」「親睦・交流」というコミュニティの場の解体が本格化し、リゾート開発に狂奔したバブル期には、全国津々浦々に及んだといってよいでしょう。こうした環境の激変にもかかわらず、コミュニティに対して抱く相場感だけは、しばしば懐旧の情をともなって維持され続けてきたわけですから、ギャップが生じたとしてもおかしくないのです。

しかも、近代化の過程で重ねて実施された自治体の合併により、農山村部の自治体を中心に統廃合が進み、都市自治体に編入されるようになると、旧自治体の単位は新たな自治体内でコミュニティ・レベルのスケールとして累積され、定着してきたことは見逃せません。集落、町内会・自治会、学校区などは、しばしば、かつて明治や昭和の大合併前の旧町村の単位であったりするのです。

いずれにしても、人々の意識や活動の現実と、コミュニティのあり方とが異なる原理でマルチスケール化をそれぞれ進展させてきたがため、両者の複雑な関係がきちんと整理がつかないミスマッチな状態にあるのが現状ではないでしょうか。その意味で、コミュニティ問題はマルチスケール問題だといえそうです。例えば、コミュニティ意識の希薄化であるとか、コミュニティ活動の担い手不足といった、「課題」がこれまでしばしば提起されてきました。しかし、これらの「課題」は、実は表面的な現象を部分的に切り取り、しかも消極（否定）的に捉えてきた面は否めません。本書は、マルチスケールという視角から「問題」全体を丸ごと捉えてみることで、個別に提起される「課題」を乗り越えるための未来図を考えたいのです。

■リスケーリング論の視座

これまで述べてきたマルチスケールという概念は、もともとリスケーリング論と呼ばれる、国際的な学術的潮流のなかで提起された概念です。リスケーリング論とは、新自由主義経済政策のもと、国境をはじめとするこれまでの政治・社会の境界を超えてグローバル経済が進展してきたなかで提唱されてきた思考枠組みです。産業構造の転換が図られ、都市再開発が促進されたことでもたらされたローカリティ（地域）の変容を、統治空間の再編と関連づけて探求しようとする、学際的な一連の研究動向を指します。実は、「虫の目」＝ダウンスケーリング、「鳥の目」＝アップスケーリングをコミュニティ自治に当てはめようというのも、リスケーリング論から得た着想です。

ヨーロッパでリスケーリング論が提起されるようになった背景には、ヒト・モノ・資本が国家の単位を超えて流通するＥＵ経済統合というアップスケーリングの道を長期間かけて歩んできた歴史があります。ＥＵでは、構造基金を梃子に域内の地域開発を推進するのに、国家という単位を飛び越え、加盟国内の個別の地域と結びついた政策を展開してきたのです。経済統合が進展すると、旧来の政治・経済単位とは異なった地理的な括りが前面に押し出されてきました。例えば、経済競争力が期待される都市をコアとして、その周辺地域を包括した都市地域圏（シティ・リージョン）が設定され、こうした圏域を単位とした経済開発にプライオリティを置こうというダウンスケーリングが都市間競争時代の開発戦略として脚光を浴びてきたのです。そうなると従来からの境界、例えば、県境や州境ばかりか、国境をも越えてシティ・リージョンが形成されさえするのです。日本でも近年推進されてきた連携中枢都市圏や定住自立圏などの新たな広域連携、あるいはさらに一歩踏み込んだ圏域マネジメントの法制化をめぐる議論（総務省自治体戦略2040構想研究会）は、こうした動向に刺激を受けた施策や構想だといってよいでしょう。

もちろん、こうしたドラスティックな変革は一筋縄にはいきません。ときに深刻な揺り戻しに見舞われることもあります。世界に衝撃を与えた英国のEU離脱の選択（ブレグジット）は、これまでのマルチスケールな展開への一種の反動といえるかもしれません。もっとも、考えようによっては、イギリスのEU離脱は、超国家的な存在のEUから国家という単位への別筋のダウンスケーリングと呼べなくもありません。なぜなら、EU誕生後のヨーロッパ世界は、以前とはすでに異なるステージにあるからです。単純な反動＝後戻りはもはやあり得ません。英・EU間の離脱交渉のプロセスからもそのことがうかがえます。何よりも、スコットランド独立運動の再燃というイギリスの内なるダウンスケーリンクへと波及しつつさえあることがその証左です。

ヨーロッパの事例を取り上げましたが、アジアなど他地域にリスケーリング論を当てはめた研究も蓄積されつつあります(3)。国家・都市に照準を合わせる傾向が強いのですが、例えば、日本では、東京都を中心とした大都市圏や平成の合併にリスケーリング論を適用した研究も見られます⑷。

これまでのリスケーリング研究からすると、本書では、自治体よりもさらに狭域であるコミュニティ次元を主要な舞台と捉え、そこに当てはめて考えようというのが新機軸になります。

■マルチスケール・ガバナンスを問う

ごく簡単ではあれ、リスケーリング論を紹介しましたのは、本書でなぜコミュニティ自治を自治体のダウンスケーリング戦略に位置づけて、その未来図を描こうとするのかという問題意識と密接に関わるからです。この点を明らかにしておきましょう。

ここまで地域社会がマルチスケールに構成されていることについて述べてきましたが、つぶさに見るとそこには三つの要素が認められます。三つの要素とは、複数性、連動性、そして越境性です。

第1の複数性とは、異なる単位のスケールが複数存在することを指します。超国家レベル、国家レベル、自治体レベル、コミュニティ・レベルなど、複層から構成される統治のあり方を、マルチレベル・ガバナンスと呼ぶことがあります。社会科学では定着した分析枠組みでもあり、国際政治であれば、超国家・国家の関係が主たる焦点となるでしょうし、地方自治論であれば、国・自治体関係（政府間関係と呼ぶこともあります）、そしてコミュニティとの関係を捉える枠組みとして活用されてきました。本書では、自治体内のコミュニティ・レベルについても、さらにそれが複数層で構成されていることに着目します。

第2の連動性とは、あるスケールでの変化が他のスケールに何らかの影響を及ぼすように相互連動する可能性があることを意味します。先に挙げたＥＵ統合のプロセスやブレグジットにともない惹起されたさまざまな事態は、まさにスケール間の相互連動だといえます。また、自治体内のコミュニティ・レベルの議論に引き寄せてみると、平成の合併を引き金として多様なコミュニティ組織が創出され、合併前の自治体の単位やあるいは昭和の合併前の町村単位、学区などの単位へのダウンスケーリングが活発化するようになったのも、スケール間の相互連動と捉えられます。

さて、より大きな単位のレベルがより小さな単位のレベルを包含する入れ子状の構造となっているというのが、一般的なマルチレベル・ガバナンスの捉え方だとすると、第3の要素である越境性はイレギュラーな性格を持ちます。統治システムを思い浮かべるとき、国が自治体を包括し、自治体がコミュニティを包括するという見方はつい当然視されがちです。しかし一方で、先ほど見てきたように私たちの暮らしの実感・実態は、必ずしもそうした入れ子状のマルチレベル・ガバナンスの枠組みできれいに切り分けられているわけではないのです。

統治空間を仕切る境界（国境、県境、市区町村境など）とは必ずしも一致しないスケールが想定されることを、ここでは越境性と呼びたいと思います。先ほど述べたシティ・リージョンなどで、従来の行政単位を越境したエリア設定が行われる場合などが典型例です。言い換えれば、越境性とは、マルチレベル・ガバナンスが通常設定するような境界を乗り越えるようなリスケーリングを許容することを意味します。実は、先ほどの複数性と連動性の説明では、「自治体内のコミュニティ・レベル」という表現を用いてきましたが、越境性という要素を取り入れると、この表現は必ずしも適切だとはいえません。そしてこの点が、通常、入れ子状の構造が念頭に置かれる「マルチレベル」という概念と、ここで用いる「マルチスケール」との大きな差だとみなせます。その意味で、第3の要素である越境性は本書の問題関心にとって最も重要な要素なのです。

越境性を含むマルチスケール・ガバナンスを強調する背景となる問題関心についてもう少し説明しておきましょう。

日本社会史研究者の松沢裕作は、「市場」など境界を持たない人々の結びつきと境界を持った政治権力＝「国家」とを対比して取り上げ、こうした無境界性と境界性を両立させる社会を近代社会と呼ぶことができるとしています⑸。ここでの問題意識と通底する議論です。

松沢は、明治の大合併に至る明治初期の地方制度改編によって、近世の地縁的・身分的・職能的共同体というモザイク状の世界が解体され、同心円状の世界秩序に置換されたのだと論じています。明治以降の「三大合併史観」は、私（個人）を、市町村という基礎的自治体―都道府県という広域自治体―日本国―地球という包含関係にある同心円の中心・起点とする「同心円状の世界」を前提とすると論じます。これを同心円状の世界観と呼びたいと思います。

こうした同心円状の世界観は、政府体系の組み立ての違いはあっても、程度の差はあれ、いずれの国でもうかがえるでしょう。なかでも日本は、確固とした同心円状の世界観を前提に、国・地方関係が秩序づけられてきたといえます。あますところなく国が都道府県を包摂し、都道府県が市町村を包摂するという関係が端的に示しています。先ほど述べた入れ子状の構造と同義です。

仮に越境性という要素が欠けてしまい、複数性や連動性だけで捉えるとすれば、階層化した政府体系として具現される同心円状の世界観にきっちりと収束することになります。そうなると、複数性で問われるのは二層制にするのか三層制にするのかなどといった階層数の選択の問題にすぎなくなりますし、連動性で問われるのは合併など廃置分合や広域連携の問題に限定されてしまうことになります。

言い換えれば、越境性を強調することは、コミュニティ・レベルに同心円状の世界観を無自覚・無批判に持ち込むことに対する問題提起を意味します。国・地方関係の延長線上で、単純にコミュニティ・レベルにまでも同心円状の世界観をそのまま持ち込んではならないということでもあります。すでに触れたように、日常の社会生活のさまざまな場面で、近隣レベルにあっては越境することが常態となっている以上、無理にコミュニティ・レベルに同心円状の世界観を持ち込んでも、越境性と真っ向からの衝突は避けられません。加えて、コミュニティ・レベルのあり方に関しては、国や自治体の存在を無視することも到底できません。本書では、自治体をダウンスケーリング戦略の重要な推進主体として位置づけて考えますが、このことはすでにある自治体という単位を絶対視し、越境性の余地を排除してしまおうということではありません。ましてや行政主導でコミュニティ自治の仕組みが制度設計されるべきだということでもないのです。むしろ、真摯に越境性に向き合い、必要とあらばそれを許容し、むしろ飼いならすぐらいの姿勢を自治体は示す必要があると考えます。そこまでできてはじめて自治体は自覚的なダウンスケーリング戦略の主体たりうるでしょう。なお、ここで飼いならすとは、社会的合意形成を図ることと言い換えられます。住民にとって意味を持つコミュニティ形成に向けた対話と合意形成を重ねていくためのフォーラムであることを、自治体のガバナンスに期待したいのです。

3 マルチスケールな「地域人」モデル

■方法論としての「地域人」モデル

マルチスケール「問題」を考えるにあたって、「地域人」というバーチャル（仮想）な人間像を設定して考えたいと思います。

地域人を、社会がマルチスケールであることを前提に、あるスケールを単位にコミュニティ自治を形成しようとする主体である、と定義します。ですから、地域人は、あるスケールを単位として成り立つコミュニティにコミットする存在です。どの程度の思い入れを持ってコミットするのかは人それぞれです。また、別の異なる単位に対しては無意識である、あるいは、意識的に関わりを避けることもあります。コミットしようとするスケールが、近隣界隈や町内会・自治会のエリアなのか、学校区レベルなのか、市区町村なのか、それとも行政界を超えて、より広がりを持つ社会経済圏なのか、あるいはこれまでにない新たな単位なのかは、さまざまに想定されます。いずれにしても、これらコミュニティへの関わり方を判断し、選択する個人としての地域人を方法論上のモデルに据えて考えようという提案です(6)。

さて、地域人が個々バラバラに頭に思い描いているだけでは、それらスケールは社会的に実体化することはあり得ません。想像上の共同体を超えてコミュニティとして実体化するには、社会的な了解や合意形成、あるいは正統化などの手続きを踏む必要があります。地域人は、同時に自治体の住民であり、また、法規範的には国や自治体に包摂された存在ですから、国や自治体が定める一定のルールに従うことが要請されます。このルールには、法令や条例等はもちろん、自治体のダウンスケーリング戦略も含まれます。

■「足による投票」仮説と自治体スケールの〝発見〟

経済学では、経済人という合理的な人間像をモデルに議論を組み立てます。実は、地域人モデルは、経済人をモデルに構築された、「足による投票」(foot voting あるいは vote with their feet) 仮説を意識したものです。「足による投票」仮説とは、もともとはアメリカの経済学者チャールズ・ティボウ (Charles Tiebout) によって提唱されたマルチレベル・ガバナンスに関する古典的な理論の一つです。なぜ地域人モデルを据えてコミュニティ自治に関するマルチスケール・ガバナンスを検討する必要があるのかを際立たせてくれるという意味で有用な議論ですので、この仮説を先に紹介したいと思います。

通常、選挙のときには、自分にとって利益をもたらす政策を実現して欲しいとか、自分が暮らしを営む地域をこうして欲しいという思い (選好) に最も近い政策を実行してくれそうな政治家を代表者に選ぼうとして、投票用紙にその政治家の名前を記入して投票します。これに対して、投票所にまでわざわざ出向いて投票用紙に書き込み投票したりする (＝手による投票) ことなどせず、つまり、選挙権などの政治的権利を行使する代わりに、手っ取り早く、はじめから税負担やサービス内容が自分にとって最も満足できる地域に移住してしまおうというのが「足による投票」です。

ティボウがこの仮説に基づく論文を発表した当時、マスグレイブやサミュエルソンといった著名な公共経済学者らは、政府部門とはすなわち中央政府だと捉えて、市場メカニズムが機能する民間部門とは異なり資源の最適配分を実現できないとの学説を提示していました。これに対して、ティボウは、公共サービスは何も中央政府だけによって一元的に提供されるわけではなく、多様な地方政府の活動を通じて資源の最適配分が達成される可能性（及びその限界）を指摘したのです。地方政府ごとに歳入歳出のパターンが異なる点を見抜いた点に議論の核心があります。

例えば、低負担・低サービスという組み合わせの財政構造をとる地方政府もあれば、高負担・高サービスの地方政府もあり得ます。一般に富裕層は前者のような自治体への移住を好むでしょうし、そもそも負担義務を負わないほど乏しい貧困層・低所得層であれば後者が望ましいと考えます。また、同じ負担を求められるならば、どのようなサービス内容が望ましいかも選択の契機となるでしょう。教育や子育て政策を充実して欲しいのか、高齢者福祉の拡充こそが重要だと考えるか、公園の整備を望むのか、道路などインフラの充実こそ力を入れて欲しいのか、などです。ティボウが述べるように、理屈のうえでは、地方政府の数が多ければ多いほど、そしてそれらの間で歳入歳出パターンのヴァリエーションが豊かであればあるほど、消費者になぞらえられる有権者は自らの選好をより満足させるような選択肢を見つけるチャンスが広がるわけです。

繰り返しになりますが、政府といえば中央政府という認識がまかり通っていた時代に、「足による投票」仮説を通じて、地方政府というスケールをティボウが〝発見〟したことの意義をあらためて強調しておきます。ティボウ仮説はあたかも市場メカニズムのように、「足による投票」を通じて選好の似通う消費者＝有権者が引き寄せられることで、資源配分の最適化が実現されるというロジックを示すものだったのです。

■「足による投票」よりも「スケールの選択」

経済理論としての「足による投票」仮説は大変魅力的な議論です。今日でも多くの研究者が言及し、この仮説に基づく実証研究が世に出ています。しかしながら、どうやら現実に対する説明力について、適用事例に応じて異なり、評価が分かれるようです。

特に日本では、地方分権改革を経て、地域の実情に根ざした個性ある政策を展開する条件整備が一定程度進んできましたし、また、地方創生の掛け声のもと、自治体による移住・定住策や子育て策が過熱気味といってもいいぐらいに展開されてきましたので、以前に比べれば「足による投票」の可能性は高まったかもしれません。とはいえ、都心回帰であれ、田園回帰であれ、都心生活の利便性や田舎暮らしの憧れが有力な動機づけにこそなれ、少なくとも短期的に見たときに自治体サービスと負担の関係が移住のインセンティブとなってきたかといえば、せいぜい部分的な影響止まりではないでしょうか。移住の選択にあたっては、就労機会、所得水準、家賃・地価、子育て費用や教育機会などの方がはるかに切実な要因だからでしょう。税負担については法定税目でほぼ標準税率による課税が主体ですし、基礎的な行政サービスの内容・水準も自治体間で極端には差がなく平準化していることも挙げられるでしょう。

アメリカでも、1990年代以降、連邦政府・州政府によるマンデイト（義務付け）によって地方政府が担うサービス内容・水準が定型化される傾向が強まりました。また、州政府が課す税率等へのキャップ制などに見られるように地方政府の歳入面での自由度も、ティボウが論文をまとめた時代に比べると低下する傾向がうかがえるようです。

では、コミュニティ・レベルではどうでしょうか。自治体レベルとは少し事情が違う面もあります。町内会・自治会についていえば、概ね会費は地域内で横並びで、活動内容も似たり寄ったりかもしれません。確かに、コロナ禍で会員世帯に万円単位の助成金を支給した団体もあるぐらいですから、なかには高負担・高サービスの町内会・自治会もあるでしょうし、その逆に低負担・低サービスの町内会・自治会もあるでしょう。同じ自治体内にあっても個々の団体・組織ごとに負担とサービスのパターンが異なることも珍しくはありません。では、だからといって、「足による投票」が動機づけられるかというと、国・自治体の税負担に比べれば些少だということもあるでしょうが、そうはならないでしょう。近隣トラブルに巻き込まれて住みづらくなったなどの事情があれば別ですが、負担・サービスのパターンだけを理由としたコミュニティ・レベルでの「足による投票」は考えにくいと思われます。そもそも町内会・自治会などの地縁団体に強制加入させることは憲法上できませんので、その場にとどまり、加入か未加入かを選択すればすむからでもあります。移動＝居住地選択という「足による投票」をわざわざ選ばずとも、「スケールの選択」で十分なわけです。まずはこの当たり前な結論を確認しておきましょう。

■インコーポレーション＝自治体創設という選択

中央政府（国）だけではなく、地方政府（自治体）を選択可能なスケールとして〝発見〟し、区域・住民・自治体（組織）の三要素を閉鎖系で描写しがちな地方自治観を突破した点に、ティボウの「足による投票」仮説の醍醐味は見出せるわけですが、その一方で、そのままコミュニティ・レベルに持ち込むには限界があることも指摘しました。むしろ、移動＝居住地選択よりも、その土地に踏みとどまり、「スケールの選択」

にコミットすると考えた方が説得力を持ちます。

実際、アメリカの地方自治の仕組みには、「スケールの選択」に関わる手続きが存在するのです。いかにもアメリカらしい仕組みですが、インコーポレーション＝自治体創設（法人化）という選択肢です。合理的な経済人を想定したティボウの議論では、新たな自治体を創設するという莫大なエネルギーを要する選択肢は、そもそも現実的ではないとして当初から排除されたのかもしれません。しかし、現実は有力な選択肢として多数の実例がありますし、何よりもアメリカの建国までの歴史を考えると、論点そのものとして欠落していたのは残念です。

インコーポレーションについて、アメリカの地方自治に関する調査研究を目的にニューヨーク州を訪問した機会に見聞したことを手がかりに述べてみましょう。

ニューヨーク州には巨大都市ニューヨークがあるので、ややイレギュラーなのですが、ニューヨーク市以外の地域は、カウンティに区分されています（厳密にいうと、ニューヨーク市を構成する五つの区boroughはカウンティでもあり、特定行政目的に関してカウンティの役割を担っています）。カウンティはしばしば「郡」と訳されますが、アメリカの場合、州stateは「邦」＝「国」ですから、カウンティはむしろ日本の「県」に相当します。

カウンティは、シティとタウンに区分されます。タウンのなかで、比較的富裕で人口集積の進んだ地域では一種の税収の囲い込みを図るべく、ヴィレッジという単位が設けられることがあります（ただし、シティの域内では設置できません）。日本でいえば、小規模自治体やコミュニティ・レベルといえるようなエリア・規模のものが大半ですが、州憲法では地方政府と位置づけられています。比較的富裕な人々がヴィレッジを創設し、そこで自らの税源を囲い込んでサービス提供を充実させれば、コミュニティの資産価値を高められるという発想に基づいているのです。

■飼いならされた越境性?

さて、「タウンのなかで」と書きましたが、実はヴィレッジはしばしば複数のタウンにまたがったり、ときには異なるカウンティにまでまたがって設置されたりすることがあります。

サナック・レイクの例を挙げてみましょう。近傍にあるサナック湖にその名称が由来する、1892年に創設された、人口約5000人のヴィレッジです。サナック・レイク「村」は、エセックス「県」のノース・エルバ「町」の一部、セント・アーマンド「町」の一部、そして、フランクリン「県」のハリータウン「町」の一部から成り立つ地域です。

あえて「県」「町」「村」と和訳してみると、まず違和感が先立つでしょう。そもそも日本の地方自治制度では町と村が実質的に並列の関係にあるため、その感覚で前述の文章を読むと頭を抱えてしまいます。タウンを「町」、ヴィレッジを「村」と単純に日本語に翻訳すると誤解が生じること必定です。とりわけヴィレッジを日本語の「村」と訳すとミスリーディングなのです。

さらに、下位単位により上位単位は余すことなく分割され、だからこそ後者は前者を包括する、という発想はここでは見当たりません(少なくともヴィレッジの単位に関しては)。しかも、複数の「町」どころか複数の「県」にまたがって「村」が存立しているのです。平成の合併では、岐阜県中津川市が長野県山口村を編入して話題になりましたが、県境を越えた越境合併とも異なる自治体創設の方法なのです。日本の制度では、合併後も旧山口村の地域だけは長野県に属するまま、というわけにはいかないのです。

さらにいえば、ニューヨーク州のヴィレッジの仕組みは、住民の発意で創設できるという、日本の地方自治制度では考えにくい仕組みでもあります。当該地域の有権者から、州政府への申請、署名、住民投票といった一連の手続きを経て創設できるのです。

アメリカでは地方自治は州政府の創造物として州憲法により定められています。州ごとにその仕組みが異なるのは周知のとおりです。前述はあくまでもニューヨーク州の例です。ティボウが「足による投票」論文執筆時に勤務していたノースウェスト大学のあるイリノイ州にもカウンティをまたがるヴィレッジは存在しますが、全米で同様な仕組みがあるわけではありません。ティボウにとってはなじみがなかったのかもしれません。

日本でも地方自治法に市町村の廃置分合の規定（第7条）がありますので、その意味で自治体の創設ができないわけではありません。しかしながら、全国土が都道府県、そして市町村にくまなく分割されていることからすると（ただし、境界未確定地は除く）、既存の自治体の境界変更をともなわずに、しかも、住民の発意で新たな自治体を設立するという意味でのインコーポレーションは、日本の地方自治法制上不可能です。同心円状の世界観からすれば、逸脱例なのです。

では、コミュニティ・レベルでいえばどうでしょうか。法的な縛りの枠外であることもあって、何らかのスケールで新たな単位を創出することは不可能ではありません。現にさまざまなコミュニティ自治の仕組みが創設されてきたことは第1章でも確認しました。ただし、そうした新たなスケール単位の設定に対してどれだけ了解が得られるか、その意義を含めて当然ながら問われます。

そこで、スケール設定の意義を二つの側面、すなわち、集合体「形成」と「代表」という契機から考えてみたいと思います。

■マルチスケール・ガバナンスの二つの契機

イギリスのコミュニティ研究者サマビル（Peter Somerville）は、「形成」と「代表」はコミュニティ自治のマルチスケール・ガバナンスを成り立たせる二つの契機だと論じます(7)。すなわち、一つは、あるスケールの単位が実体をともなうような集合体を形作るという意味での、集合体「形成」（shaping）という契機です。集合体の形態や内容に影響を与えるような参加一般を含むものと広義に捉えられます。いま一つは、そうして形成された集合体が自主・自立した単位としてその利益を守り主張するために、異なるアリーナでその集合体を構成するメンバーを公的に代表するという、集合体「代表」（representation）という契機です。

サマビルによれば、人口規模で数十人から数百人程度の近隣界隈では、重要な「形成」は見られても、ほとんど「代表」をともなわないが、数百人から二、三千人程度の住区レベルともなれば、アイデンティティははっきりとし、ガバナンスを備えた組織として独自の「代表」機能を十分持ちうるとします。一般に、スケールの規模が増すにつれて、「形成」や「代表」の制度化・組織化の度合いは高まり、よりクリアになるといえそうです。ご近所づきあいのレベルから、町内会・自治会など地縁団体レベル、そして、学区レベルと対比してみると、サマビルの仮説は、なじみ深い日本の文脈でも概ね確認できるでしょう。

サマビル仮説を対置しますと、ティボウ「足による投票」仮説では、空間移動という選択にのみ議論が集約されてしまい、スケールの「形成」も「代表」も移動による選択の問題として解消されてしまうため、「形成」と「代表」をめぐる議論がすっぽりと抜け落ちていることがわかるでしょう。コミュニティ・レベルでのローカル・デモクラシーを真摯に受けとめるならば、マルチスケールとは、すでにあるもののなかからの選択であることもあれば、「形成」や「代表」といった自治創造の契機を含むより広い意味での選択でもあると考えるべきでしょう。そして、地域間のみならず、スケール間の〝移動〟、つまり、同じ場所にい続けながらでも、「スケールの選択」にコミットすることを通じて、コミュニティ自治をマルチスケールに構成していくのが地域人であるとすれば、その際、選択されたスケールの「形成」と「代表」こそが鍵だといえるのです。なお、「形成」と「代表」という二つの契機は、地方自治論の一般的な文脈でいえば、それぞれ住民自治、団体自治と呼びならわされてきた概念に相当することも補足しておきましょう。

なお、サマビル仮説はあくまでも、スケールの規模の大小と、スケールの「形成」と「代表」の組織化・制度化との関係について、規模が大きいほど熟度が上がるグラデーションを指摘した仮説だといえます。グラデーションをもって階層化の基準とし、コミュニティの各スケールを階層構造に厳密に割り付けようとまで意図するならば、先に指摘した同心円状の世界観に無自覚に陥りかねず、理論の飛躍のそしりは免れないことに注意すべきでしょう。

COLUMN

多摩市「(仮称) 地域委員会構想」と区割

■多摩市「(仮称) 地域委員会構想」とは

多摩市（東京都）は、人口約14万8000人、市域の約6割を多摩ニュータウンが占めている東京郊外のベッドタウンです。筆者は、多摩市第7期自治推進委員会（2019～2021年）の委員長を務める機会を得たのですが、今期委員会の検討テーマが「(仮称) 地域委員会構想」です。

多摩市は全国的にも早い段階で自治基本条例を制定しています（2004年）。はじめて条文が口語調で書かれたことでも有名です。自治推進委員会は、自治の円滑な進行を図るために設置された同条例を設置根拠（第30条）に置く審議会です。

実はすでに第3期自治推進委員会（2009～2011年）でコミュニティ自治についての基本的な論点の検討が行われており、第5次総合計画（第1期基本計画）等にも「(仮称) 地域委員会構想」と位置づけられていましたので、いよいよ細部の検討と実装を任されたというのが実情でした。

多摩市の「(仮称) 地域委員会構想」とは、概ね本書でいう協議会型住民自治組織の一種で、さらに直近に出された第32次地制調答申などを踏まえたものです。多摩市はNPO活動をはじめ地域活動の盛んな地域でもありますので、これら多様な主体をいかにマッチングさせるかが今後の地域づくりの焦点になります。ニュータウン地区と既存地区とに地域性が明確に区分されるだけに、それら特性を踏まえたコミュニティ自治が展開できるような制度設計に向けて検討を進めることが肝要です。

図表2－2　多摩市「(仮称) 地域委員会構想」概念図

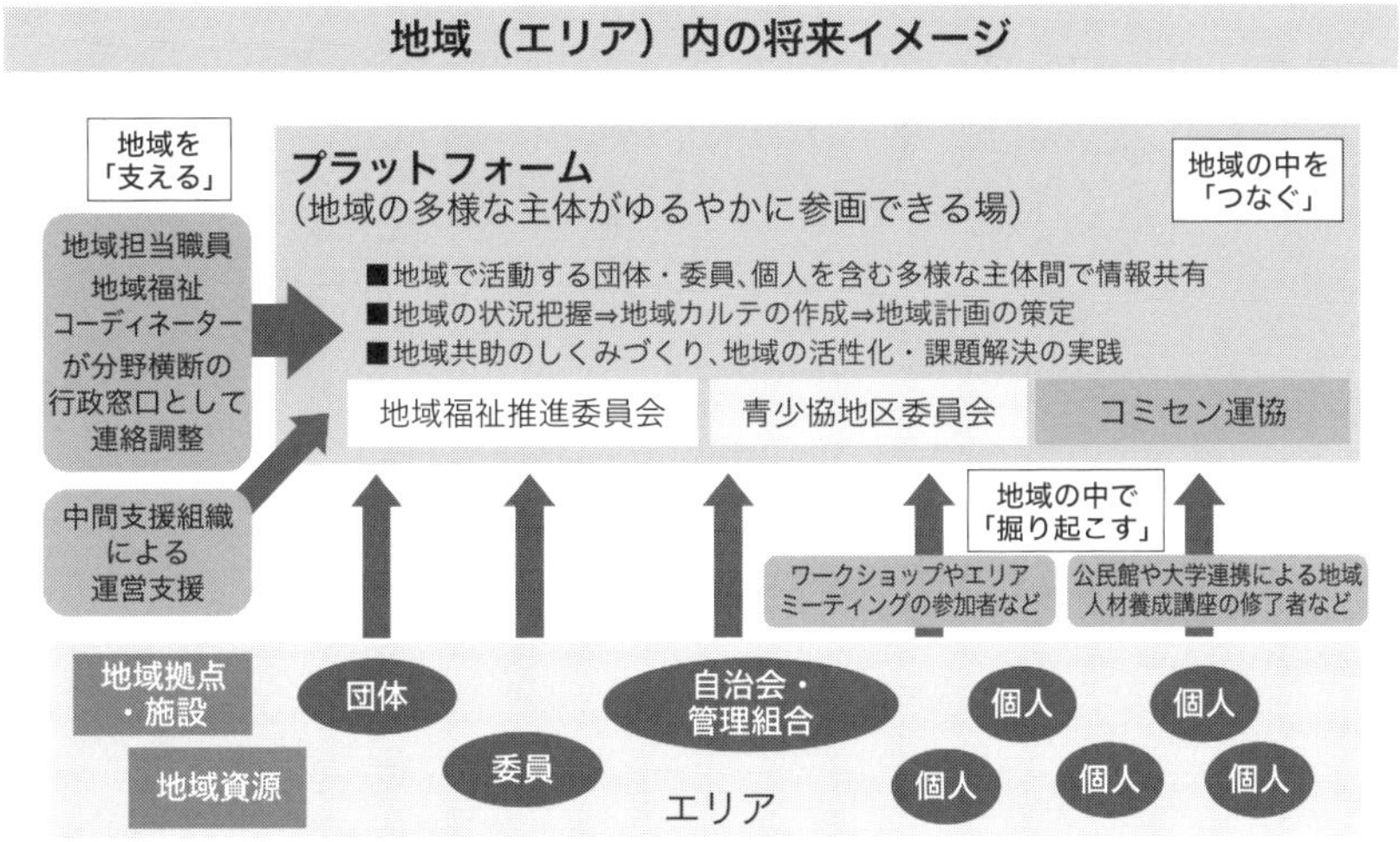

（出典）多摩市自治推進委員会資料

図表2－3　多摩市「(仮称) 地域委員会構想」区割とモデルエリア

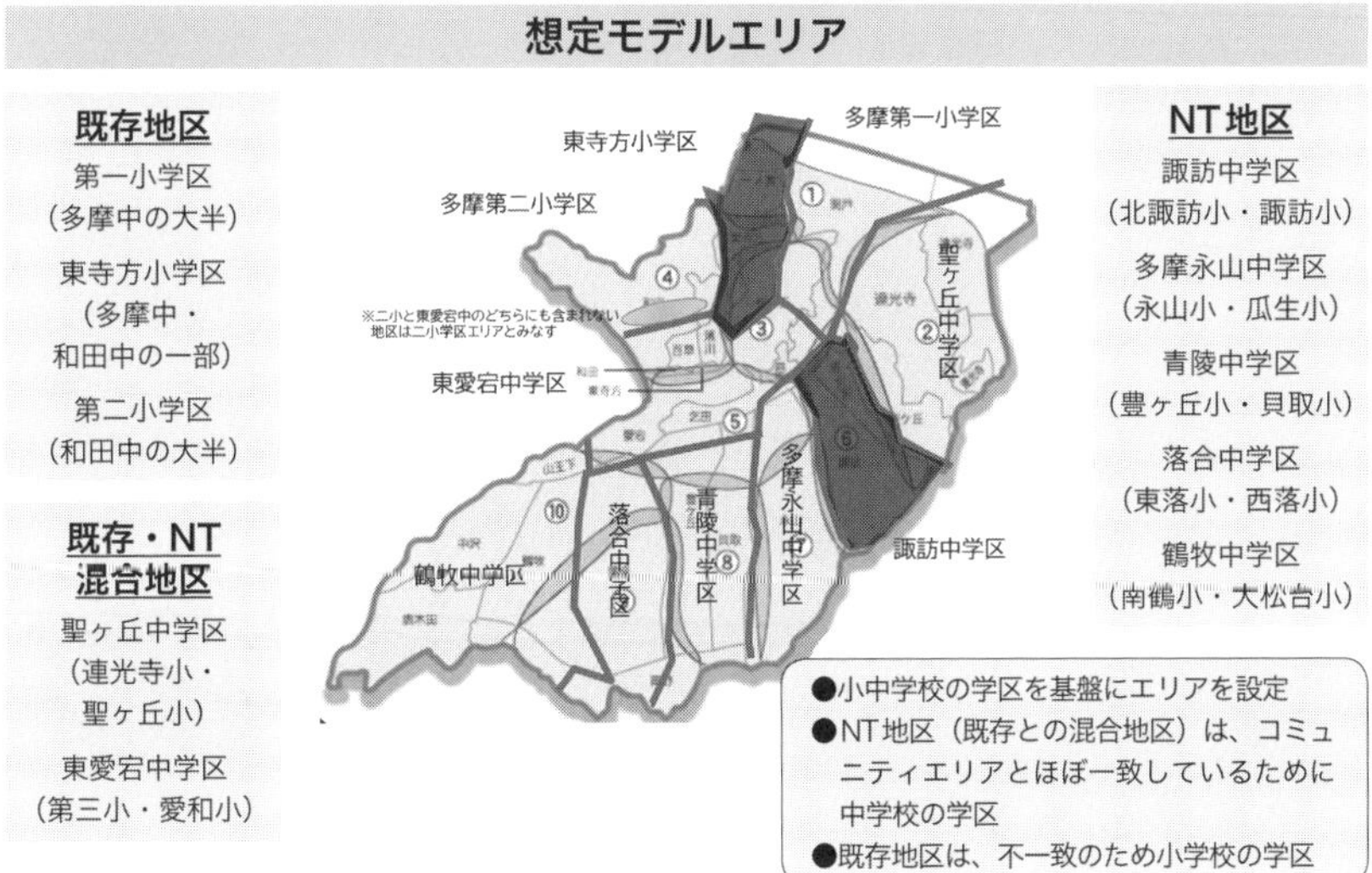

（出典）多摩市自治推進委員会資料

■悩ましい区割

筆者がこれまでに関わった新たなコミュニティ組織立ち上げのときもそうでしたが、特に大都市郊外では、さまざまな境界線（例えば、町内会・自治会、〇〇協議会、学校区、出張所単位など。さらには高速道路等でコミュニティが分断されたりすることもあります）が地域には混在しています。学区などが代表例ですが、人口増減で再編を重ねるなどで入り乱れた地域では、既存のどの境界線を基準にコミュニティの区割を考えるべきかは、その境界線にまつわる諸団体等ステークホルダーの利害（経済的な利害のみならず、立場・意地なども含まれます）にも直結するだけに大変悩ましい問題です。

多摩市もそうです。第3期委員会報告書での「ゾーニングの考え方」でも示されていましたが、個別計画や各種施設の整備計画ごとに地域の区割はさまざまで、第7期委員会での議論でも、当初はコミュニティエリアの設定についてはその境界線は柔軟に考えるところから出発しています。既存地区といわれるニュータウン以外の地区ならばともかく、街区がはっきりしているはずのニュータウン内でも、半世紀の間に行政の縦割りごとの境界線がここまで引かれてきたのかと驚きでした。

それでもやはり学区が有力な線引き案となっています。ニュータウン地区（一部、既存地区と混合）は中学校区、既存地区は小学校区が基本です。2020年度からはニュータウン地区、既存地区それぞれ1箇所ずつモデルエリアを選んで、事業を進めています。

〈注〉

(1) なお、伝統的なコミュニティ論でも、コミュニティ間の包摂関係を指摘する議論はあります。例えば、マッキーバーは、「あるコミュニティがより広いコミュニティの一部となったり、すべてのコミュニティが程度の問題であるということもある」と指摘し、本書でいうマルチスケールな社会構成を「社会諸関係の無限の系列」と呼んでいます。マッキーバー前掲書46頁。

(2) http://youngfoundation.org/wp-content/uploads/2013/06/Seeing_the_wood_Nov_2005.pdf

(3) 例えば、玉野和志・船津鶴代編『東アジアの社会変動と国家のリスケーリング』独立行政法人 日本貿易振興機構アジア経済研究所、2014年。

(4) 例えば、齊藤麻人「『リスケーリング論』の射程と都市圏政策」玉野・船津編前掲書、丸山真央『「平成の大合併」の政治社会学』御茶の水書房、2016年など。

(5) 松沢裕作『町村合併から生まれた日本近代』講談社、2013年、8頁。

(6) 近代経済学では、自らの利益を最大化するよう合理的・個人主義的に行動する主体を経済人と呼んで、経済人の存在を前提に分析しますが、ここでの提案は、近代経済学の流儀にならった考え方だといえます。なお、経済人にしろ、地域人にしろ、あくまで理論モデルですので、現実の個々人とは完全に一致しないのはやむを得ません。

(7) Peter Somerville, "Multiscalarity and Neighbourhood Governance" *Public Policy and Administration*, January 2011, pp.81-105.

第3章

地域人財としての自治体職員と地域担当制

1 自治体職員の多様な地域への関わり方

■地域と自治体職員

自治体職員の地域への関わり方はさまざまです。自治体の基本的な役割が、「住民の福祉の増進」（地方自治法第1条の2）、すなわち、地域住民をより幸せにし、地域の豊かさを高めることにあるわけですから、自治体職員はその職務を通じて地域住民や地域に関わっていくことは不可欠です。

もちろん、担当する業務によってその関わり方には大きな違いがあります。窓口業務のように役所に来訪する住民を待ち受けて応対する業務もあれば、乳児家庭訪問事業や生活保護の相談支援事業のように住民の家庭に積極的に出向いて行う業務もあります。それこそ町内会・自治会担当になれば、日頃から地縁組織の会長や役員らと密に連絡を取り合うことになるでしょう。その一方で、人事や財政など内部管理業務に携わると、地域や住民との直接的な関わり合いは一切なくなることも珍しくありません。

■「地域で生きる一員」としての自治体職員の二重の役割

ところで、自治体職員は、公務員であるまえに、一人の住民でもあります。自治省地方公務員制度調査研究会報告書『地方自治・新時代の地方公務員制度』（1999年）では、「地方公務員も地域で生きる一員として、住民とともに地域の問題を語り合い、考え、解決に努力する人間であることが望まれている」と指摘しています。ここでは、自治体職員であるがゆえに二重の役割を果たすことへの期待が読み取れます。自治体職員自身も、同じ「地域で生きる一員」＝住民という立場から、他の「住民とともに地域の問題を語り合い、考え、解決に努力する人間」であることが求められることが一つです。

いま一つは、「地域で生きる一員」＝地域社会という公共の担い手であるプロの自治体職員として、住民をはじめとする他の公共の担い手（ここには、個人としての住民のほかに、コミュニティ組織なども含まれます）と対等かつ真摯に向き合う姿勢が求められることです。前記報告書からの続きの部分で、自治体職員には「専門性、創造性と並んで、あるいはそれ以上に、協働性ひいては、豊かな人間性やコミュニケーション能力が要求される」とするゆえんです。

■地域への関わり方の4類型

自治体職員の地域への関わりの二重の役割とは具体的にどういうことなのかは、どのような立場から地域に関わるかで整理されます。ここでは、地域に関わる立場を二つの次元に分けて、〈職員として〉―〈住民として〉という軸と〈公務として〉―〈ボランティアとして〉という軸を設けて考えます（図表3－1）。

まず、〈職員として〉―〈住民として〉という軸は、自治体職員の場合に職務として地域に関わる場合と、先ほど述べたように「地域で生きる一員」＝住民の立場から地域に関わる場合があることから区分します。

次に、〈公務として〉―〈ボランティアとして〉という軸では、「公務」とは法制度上の公務員としての職務が該当するのはもちろん、それ以外にも委嘱、雇用契約等の形態であっても、地域一般に関わる公的な職務の遂行に従事する場合を含めて考えます。自治体職員ではないという意味で民間人である住民も、こうした意味での「公務」の担い手＝地域社会における公共の担い手になりうるからです。他方、「ボランティア」とは、「公務」とは一般に認識されない地域活動に（少なくとも形式的には）自発的に関わる場合であり、金銭的な手当等に関しては、費用弁償程度の支給がなされる場合も含まれますが、通例は無償です。

①「職員・公務」タイプ

一般に自治体職員が地域に関わるときの典型的な姿が「職員・公務」タイプだといえます。通常の業務の一環として、自治体職員は多くの場面で住民や地域社会に関わりを持ち、その範囲は広く、例えば、住民からの相談、住民へのサービスの給付、地域での公聴会・説明会等の開催、計画策定等での住民参加の場の運営などが含まれます。なかでも地域に関わること自体を職務上に位置づけた地域担当制度については、のちに詳しく述べます。

②「職員・ボランティア」タイプ

自治体職員としての行動ですが、職務として位置

図表３−１　コミュニティへの関わり方の４類型

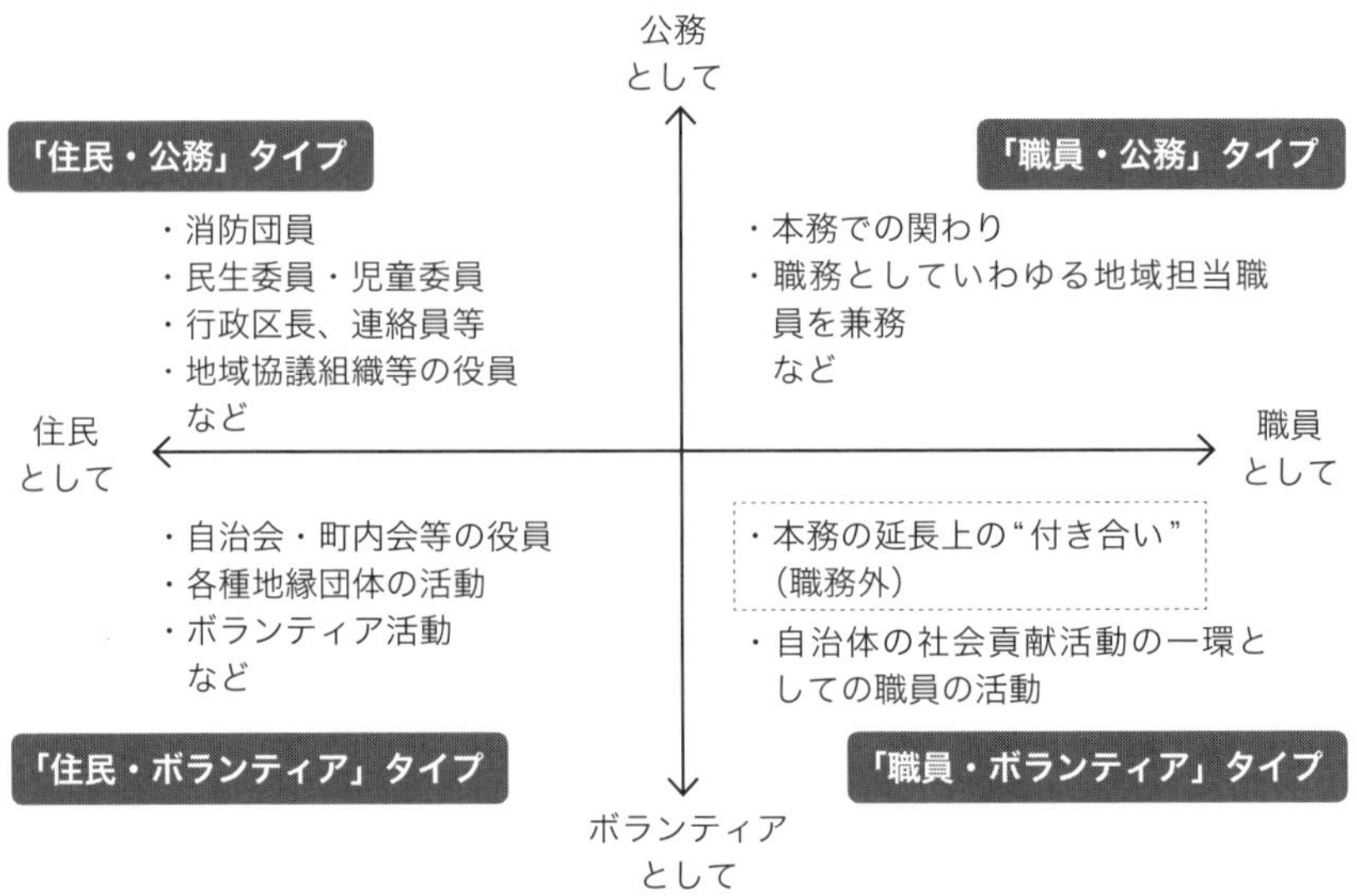

づけられない活動はこの類型に属します。民間事業者がＣＳＲ（企業の社会的責任）など社会貢献等の一環として行う地域でのボランティアに相当する活動を自治体が行うことがあります。この場合、自治体職員としての行動となりますが、職務には位置づけられませんので、「職員・ボランティア」タイプといえます。例えば、一事業体として自治体が庁舎近隣の清掃・環境美化活動に参加する場合や、交通安全週間その他公共的なキャンペーンに〝ボランタリー〟に参加する場合などがこのタイプに当てはまります。

このタイプの活動は公務とは別だという意識のないままに行っている自治体職員もいるかもしれません。あるいは、そもそも地方公務員というのは公務に従事すること自体が本業なのだから、それに加えてボランタリーな活動など必要ないと誤った思い込みを持つ自治体職員もなかにはいたりします。しかしながら、こうした思い込みは、自治体が地域社会を構成する一事業体でもあり、地域社会における公共の担い手の一つであるという自覚に欠けたものといわざるを得ません。この自覚をともなわないと「職員・ボランティア」タイプという視点そのものが見失われてしまいます。ただし、あくまでもボランティアですから、強要されるいわれはありません。暗黙の強制・義務をともなう〝奉仕〟であってはならないのです。

「職員・ボランティア」タイプには自治体職員にとっては悩ましい活動も含まれます。職務の延長上で、形式的にいえば自発的に行う時間外（超勤手当等がつかない場合）の「おつきあい」（実態としては公務に含むべきと考えられるケースも少なくないでしょう）がそれです。特にコミュニティに関わる業務では、平日の勤務時間内では都合がつかない住民に、夜間や休日などの勤務時間外にちょっとした対応をしたり、日頃のつきあいから地域の行事などに顔を出さざるを得なかったりする場合が当てはまります。自治体職員のワーク・ライフ・バランスに配慮すると、こうした悩ましいタイプの「職員・ボランティア」活動についてはは公務とのけじめがきちんとつくように、人事管理上しっかりとした方針を立てて、地域や住民に対して適切な説明がつけられるような態勢をとる必要があります。

③「住民・公務」タイプ

公務というと、当該地域の市町村職員のみが対象となるわけではありません。都道府県職員や国家公務員が在住・在勤することもありますし、学校教員や警察職員などを含めて、さまざまな公務員がその対象に含まれます。さらにいえば、一般職常勤の公務員（国家・地方）だけではなく、住民が特別職公務員（常勤・非常勤）やそれに準ずる身分で地域活動に従事するケースを含めてこの「住民・公務」タイプです。

例えば、地域社会でなじみ深い例としては、消防組織法に基づく消防団員があります。その活動根拠、内容、定数、任免、給与、服務等は自治体の条例を根拠とします（水防法に基づく水防団員も類似の仕組みです）。なお、若年人口の少ない地域などでは、なり手不足から、自治体職員が消防団員を兼務する例も多く見られます。

また、各種の行政委嘱員もこの類型に該当します。民生委員・児童委員（民生委員法及び児童福祉法に基づく特別職地方公務員）、行政相談委員（行政相談委員法に基づく民間人（非公務員））などのほか、自治体独自の委嘱員制度に基づいて役職者が任命されます。特に次の「住民・ボランティア」タイプに分類される町内会長・自治会長など地縁組織の会長等役職者であっても、行政区長・連絡員等の特別職公務員として処遇する場合には、この「住民・公務」タイプに該当します。

共助の仕組みとして行政主導で設置される協議会型住民自治組織の役職も当てはまります。地方自治法に基づく地域自治区地域協議会、合併特例法に基づく地域審議会、地域自治区地域協議会、合併特例区協議会の構成員（非常勤職）、合併特例法に基づく地域自治区及び合併特例区の区長（特別職地方公務員）はもちろんのこと、自治体が条例・規則等で設置する独自のまちづくり協議会等の構成員なども「住民・公務」タイプに該当するといってよいでしょう。

まちづくり協議会等が実質的な運営母体となる組織が指定管理者として、自らの活動拠点である公民館や地域交流センター等の公の施設を管理・運営する場合があります。その場合、指定管理者として従事する施設長をはじめとする職員が、指定管理者の付帯業務として地域活動を含む場合に指定管理者の業務に従事するとき、これら職務従事者もまた「住民・公務」タイプに含めて考えられる場合もあります。

以上のようにこのタイプは制度的に多様に考えられますが、自治体職員であることを前提とした場合には、住民としてであっても従事できる範囲は限られるかもしれません。前述のように消防団員など非常勤職であれば一般の自治体職員も従事可能と考えられていますが、民生委員・児童委員との兼務は想定されていませんし、また、非常勤職であっても、地域自治区等の協議会構成員との兼務（特に住所地と勤務先自治体とが同じ場合）も想定外でしょう。

④「住民・ボランティア」タイプ

最後に、「住民・ボランティア」タイプは、地域で自主的に行われる活動一般への関わり方で、その対象範囲は広く考えられます。町内会・自治会をはじめ、特定目的で設置されるものも含めて地縁組織の会長職など役職に就く、それら団体が開催するイベントなどの業務を分担する、あるいは、活動に参加したりする場合などです。また、住民をメンバーとする文化・スポーツなどの同好会・サークル活動、地域と関わりのある各種ボランティア活動、ＮＰＯなどの活動への参加もこのタイプといってよいでしょう。

自治体職員がこれらの活動にプライベートでどれほど関わっているかについて、その実態を把握することは困難ですが、地域によって、また、職員個人の考え方等によって差異があると考えられます。

■立ち位置をわきまえることの難しさ

以上、自治体職員の地域への関わり方を四つのタイプに整理しましたが、実際に地域に向き合ううえでは考えるべき論点がいくつかあります。

自治体職員は当該自治体に勤務する地方公務員であると同時に住民であるといった二重の性格を適切に区分することは重要ですが、地域によっては自治体職員が全人格的に（つまり、職務か否かを超えて）地域に関わりを持つことを当然視する慣習や文化があることも少なくありません。まずは、実務的にも自治体職員としての地域への関わり方について整理し、全庁的な了解が得られるようにする必要があります。そのうえで、住民や地域にも理解を求めることになるでしょう。

特に、職務上の関わりとそれ以外についての区分けは明確に示されるべきです。すでに述べたように、勤務時間や手当支給のあり方など人事管理上の課題を含めた整理が必要です。

自治体職員の地域への関わりを促すためにも、人事管理上、職務以外での関わり方を例示し、公務員だからと萎縮することなく多様な関わりができるようにその範囲を含めて周知することも重要です。近年、多様な働き方が尊重されるようになり、公務の世界でそうした考え方を反映させる動きのなか、例えば、兼業の基準を明確にしたり、副業に従事しやすくしたりする仕組みを整え、職員が法令違反を恐れて地域貢献に萎縮してしまわないようにする自治体も増えてきました。地域貢献応援制度をいち早く導入した神戸市や、生駒市（奈良県）などが代表的です。

また、職員の地域活動への参加を促すために、職員に地域活動への積極的な参画をお願いする文書を発する自治体もあります。高山市（岐阜県）では、それに加えて、人事評価の自己目標設定用シートで町内会の役員参加等の地域活動に関する記入欄を設けています。地域活動への参加は職務外ですので人事評価の直接の対象にはできませんが、地域活動への参加を通じて培った能力が職務遂行で効果的に発揮されることを期待しての取組みだといえます。

また、職務上従事する業務や役職との関係で職員として地域に関わりにくい、接点が乏しいなどの場合もあります。子育てや介護中であるとか、ワーク・ライフ・バランスの観点から地域への関わりが難しいライフ・ステージにある場合もあります。無理なく自治体職員が地域活動に関われるように、個々の職員が置かれた状況に応じた配慮を要します。

なお、自治体職員が隣接自治体から通勤するなど、当該地域に居住していない場合もあります。特に近年では勤務地外の自治体の区域に居住する自治体職員も増えているようです。大都市部ではむしろそれが普通でしょう。自治体職員は地元者を採用すべきだとか、地元に居住すべきだという発想は、現実にそぐわなくなっているでしょう。とはいえ、例えば、「職員・ボランティア」として勤務地の地域社会に貢献することは当然考えられてよいでしょう。また、勤務先とは異なるとはいえ、一住民として住所地のコミュニティへの関わり方も期待されるはずです。実際、キラリと輝く地域活動やコミュニティ自治を実現した取組みには、自治体職員の存在が必ずといってよいほど認められるものです。

2 地域担当職員制度（地域担当制）

■地域担当制とは

地域担当制とは、一般に、自治体職員を自治体内の区分された特定の地域をその専任担当として、職務上に位置づける仕組みを指します。自治体行政側から積極的に地域に関わっていくアウトリーチ手法の一つです。地域や住民からは、縦割りのセクションで分かれた役所のいわば総合窓口としての役割を地域担当職員が果たしてくれるのではないかと期待されるでしょう。

地域担当制の起源は定かではありませんが、先駆的な仕組みとして、習志野市（千葉県）が1968年に導入し、今日まで続いている事例がよく知られています。以降さまざまな自治体で活用され、全国市区町村の3割にあたる自治体が地域担当制を実施しているという全国調査の結果もあります(1)。すっかり地域に定着した例もあれば、手探りしながら取組みをはじめたばかりだとか、あるいはすでに名ばかりに形骸化してしまったなど、さまざまです。

■なぜ地域担当制か

近年、地域担当制を導入する自治体が増えています。自治体はこれまでも地域に深く関わり、住民の声に耳を傾けながら業務を遂行してきたわけですが、なぜあえて行政分野ごとの縦割りの組織編成とは別に、地域担当制という分野横断的な横割りの組織や職制を導入する必要があるのでしょうか。

まず、地域課題の多様化、複合化への対応です。例えば、いわゆるゴミ屋敷問題などが典型的ですが、環境衛生、福祉、建築などさまざまな所管にまたがり、個別行政分野だけで解決することが難しい、分野横断的な課題が深刻さを増しています。地域で取り組まれる防災・防犯、あるいは、子どもや高齢者の見守りなどの活動を通じて発見された課題も、行政組織上どの所管部署が対応するのかがはっきりしないことも少なくありません。まず、地域課題を速やかにしっかりと受け止める役割が地域担当制に期待されているといえるでしょう。

第2に、地域のことは地域で決めるというコミュニティ自治を充実させるための支援機能が挙げられます。特に近年では協議会型住民自治組織等を立ち上げる自治体が増えていますが、こうした組織が円滑に運営されるように、行政情報を提供したり、要求・要望を行政に伝達したりするなど、地域と役所との橋渡し役が期待されます。また、地域人財が不足しているのではという認識から、組織運営や地域活動にあたって補佐役を担うこともあるでしょう。

第3に、地域行政体制の補完としての位置づけが指摘されます。行政として地域に重点を置いて業務を展開するのであれば、本来は支所・出張所等を置くことも考えられますが、事務所等の拠点となる施設を置くにしてはよりきめ細かな単位で地域に関わる場合や、行政の効率性の観点からは施設等の拠点の設置は難しいと判断される場合には、地域行政体制を補完する役割が地域担当制に考えられます。

そして、しばしば最も重視されるのは、地域担当職員として現場実践を重ねてもらうことで、自治体職員としての能力向上を図ろうという人材育成上の意図です。住民生活が営まれ、課題が発生する最前線である地域社会＝現場に赴き、積極的に関わりを持つ現場実践を重視する考え方が基盤にあります。地域のなかで揉まれ、現場を直視し、そこで考え実践することを通じた成長が期待されてのことです。地方分権時代の自治体職員は、国や都道府県にばかり顔を向けて指示を待ち、前例を踏襲することに心血をそそぐような姿勢では到底務まらないわけで、長年行政実務として確立されてきた仕事のノウハウも、ときに現場実践と齟齬が生じる場合には大胆な見直しをするぐらいの判断力が求められるからです。

現実には、定員削減など行政効率化が進められてきたこともあって、自治体職員は業務に追われるなか、ややもすると職場内で仕事を完結させようとしがちです。職場が自治体職員にとっての現場だという思い違いに囚われた自治体職員も少なくありません（こうした自治体職員は「引きこもり型職員」と呼べます）。地域担当を職務上位置づけて発想の転換を促す取組みだともいえます。

自治体がダウンスケーリング戦略の推進を目的に、コミュニティを支援・補完する手法として地域担当制を採用する場合、その制度設計はさまざまに考えられ、どのように活用するかも自在です。「自治体職員を自治体内の区分された特定の地域をその専任担当として、職務上に位置づける仕組み」と緩やかに定義してみせたのも、その多様さや自在さゆえです。そこで手始めに、筆者がこれまでたびたび観察する機会を得てきた二つの自治体を取り上げ、それぞれが近年相次いで試みた、対照的な制度の見直しの例を確認してみましょう。

■進化する地域担当制①〜高浜市特派員制度の場合

まず高浜市（愛知県）のまちづくり協議会特派員制度（以下、特派員制度）です。高浜市では２００５

年以来、小学校区に設けられたまちづくり協議会（以下、まち協）を単位に地域内分権が推進されてきました。高浜市の場合、地域内分権は自治基本条例にその根拠が規定され、まち協は高浜市まちづくり協議会条例で定められています。まち協側からの提案を受けて2008年度に設けられたのが、高浜市独自の地域担当制である特派員制度です。2017年度に抜本的に改められ新制度に切り替えられました。

改正前の特派員制度は、部長職、保育士・教諭職及び単純労務職を除いた全職員を対象に、自己推薦の募集等を経て市長が任命するというもので、3年任期（再任可）、小学校区（まち協単位）ごとにチーフ（管理職が担当）を含む4人配置の編成で、その職務は、①担当する小学校区における課題の把握、②担当する小学校区の課題解決に向けた助言及び協力、③意見及び提案の行政計画や施策への反映、④まち協と行政及び関係機関との連絡及び連携調整、⑤まち協の活動にかかわる情報の収集、提供及び発信、⑥その他まち協と行政との協働推進に必要な事項、⑦特派員以外の職員に対し、まち協が開催する会議等への出席要請、でした。

旧制度は3期9年実施され、のべ67人、対象職員数（2016年度末188人）の3分の1強が特派員を経験しています。実際にこの間、ほとんどの管理職は特派員を経験しており、特派員経験は管理職昇進には必須の要件ではないにしても望ましいという考えが浸透したといいます。また、一般職員も特派員経験を経た

特派員（地域担当職員）による地域計画策定の支援（高浜市吉浜まちづくり協議会）

ことで、臆することなく地域に出られるようになったのが成果だといいます。筆者は長らく高浜市職員の皆さんとの付き合いがありますので、この点は強く感じており、他自治体に比べると高浜市職員の地域へのフットワークは実に軽やかに感じられます。

こうした成果があったからこそ、また、まち協を主体とした地域内分権が着実に地域に根づいてきたからこそ、2017年度に特派員制度は抜本的な見直しがなされたのです。

新制度では対象職員から管理職が除かれる一方で、勤続2年以上6年以下の「若手」職員に対象が絞り込まれ、そのなかから研修生として市長が任命するとしたのが特筆すべき点です（保育士・教諭職及び単純労務職を除く点は以前同様）。また、3年任期のうち最後の1年をサポーターと位置づけ、次期特派員の任期と重複を図ることで、「特派員同士での〝地域に出る職員〟としての心構えなどを伝承しやすく」（高浜市資料）する工夫がなされたのです。人数は6人以内（サポーターを含む）とし、管理職のチーフに替えて、企画部門（総合政策グループ）の担当職員がチーフの役割を担うように改められました。

地域での食育で畑作業の支援（高浜市吉浜まちづくり協議会）

このように、若手職員の育成に重点を置き、若手職員が全員、平等に地域に関わる機会だと位置づけ直すことで、特派員制度はがらりとその性格を変えました。新制度では、前掲職務内容のうち、若手職員では荷が重い、③意見及び提案の行政計画や施策への反映、が外されたことに象徴されます。

■進化する地域担当制②〜高松市協働推進員制度の場合

高松市の協働推進員制度は、2008年度創設当初はいわゆる市民と行政との協働や庁内の協働を推進する役割でしたが（所属担当協働推進員）、2011年度から市内44の地域コミュニティ協議会（自治基本条例に規定）の単位にも追加的に配置されました（地域担当協働推進員）。ここでは直接関連する後者のみを扱います。高松市でも2017年度に大幅な制度変更がなされました。

旧制度では、対象要件は全職員であり、任期は年度単位で概ね3年とされ、支所・出張所（地域コミュニティ協議会の単位で設置）から1人、公募及び担当職員の個々の依頼により所属長から推薦があった職員を高松市協働のまちづくり推進本部長が指名し、市長が任命をする者1人、計2人を各地域コミュニティ協議会に配置するものでした。

これに対して新制度は、まず対象要件を次長級及び課長級職員といった管理職に絞った点が特徴です。また、配置は各地域コミュニティ協議会に1人とされ、各地域コミュニティ協議会に居住するものから選任するとされました。ただし、地域に居住する対象者がいない場合には、近隣の地域に居住する者等から選任します。要するに、市行政に通暁したベテランの管理職を配置することで、コミュニティに対する支援・補完をこれまで以上に強化する取組みだといえます。

ところで、高松市の場合、もう一つの地域コミュニティ協議会に対する人的支援の仕組みとして、地域コミュニティ活動研修があります。こちらは協働推進員制度に先行して行われてきたもので（2010年度開始）、入庁2年目の一般行政職の全職員を原則として自身の居住地の地域コミュニティ協議会に派遣し、清掃活動、防災訓練、夏祭り、町民運動会といった地域行事の準備や運営を支援するものです(2)。若手のうちから地域と密につながるようにしようという人材育成の意図を明確にするとともに、都市内分権を掲げた高松市のコミュニティ重視の姿勢がうかがわれます。

■進化の多様性

高浜市の場合、支援・補完機能よりも研修機能に重点化する見直しを図ったのに対して、高松市の場合には、対象を管理職に絞ることで支援・補完機能を徹底し、研修機能と並存する仕組みとして位置づけた対照的な制度改正を、偶然にも同年度に実施したのです。ベクトルが真逆なのは興味深いです。もちろん、いずれが正解ということではありません。それぞれの地域で試行錯誤が重ねられながら、地域担当職員制度は多様な進化を遂げていると考えるべきでしょう。

地域担当職員制度といっても、その目指す目的や方向性は多様なのです。「自治体職員を特定の地域担当に職務として位置づける仕組み一般」と緩やかに定義したのもそのためです。当然ながら、地域担当職員制度に含めて考えるかどうか境界線近辺に位置づけられるケースも少なくありません(3)。

例えば、「自治体職員」とは現役職員だけなのか、元職員は含めないのか。実際、前橋市では市職員退職者（特に公民館長経験者など生涯学習関係部署出身者が多いといいます）からなる「地域担当専門員」が市役所担当部署と連携・調整を取りつつ、各地域活動やイベントの実施を支援するなど、地域で重要な役割を担っています。また、旭川市（北海道）では、市内7支所にまちづくり相談窓口を開設し、退職職員を再任用で相談員として配置し、各種申請書類の支援やまちづくり活動の支援などに従事させています。これらは地域担当職員制度とほぼ同等の機能を発揮する例です。

現役職員に絞ったとしても、正規職員だけなのか、非正規職員をも含めるのか、また、元々自治体職員ではなかった者を地域担当として採用した場合はどうなのかも問われます。例えば、協議会型住民自治組織の事務局長や職員を一般公募で採用する例です。札幌市ではまちづくりセンター（直営）の自主運営化が進められており、自主運営まちづくりセンターでは業務委託契約で計上された人件費で事務局長等の職員が雇用されています。事務局長には元市役所職員を採用する地域もありますが、民間人からの採用が念頭に置かれた制度設計です。

また、最近では、地域おこし協力隊員を特定の地域担当に当てる自治体も珍しくありません。隊員は受け入れ自治体の非常勤職員として任用されることが多いので、その意味では、民間から採用された地域担当職員と考えるのが相当でしょう。

もっともこれらの例は地域担当職員制度と外形的には似ていても、どちらかといえば地域側に立って直接活動を担う役割に比重が置かれているようです。地域と行政をつなぎ、行政へのフィードバックを重視する地域担当職員制度とは趣旨がやや異なるかもしれません。ただし、制度の趣旨と実態が異なりがちなのはよくあることなので、典型的な地域担当職員が地域の一員としてもっぱら地域活動にどっぷり浸かる例もあることからすれば、厳格な区別は実は難しいといえます。

ともあれ、ダウンスケーリング戦略のツールとして地域担当職員制度を考えるとすると、実に多様な制度デザインが可能なのです。地域担当職員制度そのものの定義はその豊かな可能性を残すためにそのままとして、ここでは一般の正規職員を対象とした地域担当職員制度に絞って検討を進めてみましょう。

■任用によらない仕組み①～自発参加奨励型

地域担当職員に関する制度は多様なパーツから成り立ちますが、その基本的な性格を決めるのはやはり任用上の位置づけです。ここで「任用によらない」とは、もちろん現役職員としての任用（＝地方公務員の身分）が前提ですが、地域担当という職務については任用にはよらないという意味です。

一つには、地域活動への参加を職員の自発性に委ねて、自治体としてはあくまでも奨励するにとどめる仕組みです。かつてであれば、特に農山村部の自治体などでは、自らの居住地区を中心に職員が地域活動に携わるのは当然のことで、暗黙の前提でした。それが、必ずしも当該地域出身ではない職員が増え、地域そのものの都市化が進んでコミュニティへの帰属意識が希薄化し、あるいは合併により地域と役場・役所との距離が物理的にも心理的にも遠くなってきたことから、本来ならばいわずもがなの注意喚起をしなければならなくなり、あらためて職員に意識づけを行おうというのがこの仕組みの趣旨です。どの程度地域担当の役割に従事するのかは、従事しないことも含めて、本務をはじめとする職務内でのバランスやプライベートとの兼ね合いにもよることから、職員個々の裁量に委ねられるのが基本となります。

もっとも、この仕組みにはあまり実効性は期待できません。いわれずとも地域活動に従事する職員からすれば特段意味はないでしょうし、業務の多忙さや家庭の事情で地域活動にエネルギーを割くのが無理だとすればそれまでだからです。その一方で、より多くの職員がより深く地域に関われるよう実効性を高めようと、例えば、担当する地域を指定し登録したり、活動報告を促したりするなど制度化を推し進めるとすると、任用によらない制度の建てつけと矛盾する恐れがあります。

また、自発性を期待され、公的に奨励されても、地域活動への従事が職務内に入るのか、それとも職務外なのかが判然としない仕組みだといえます。公務員として本務に専念しなければならない一方で、地域の期待を裏切るわけにはいかないといった板挟みに遭遇してしまうかもしれません。近年、後述するような任用上の仕組みを整備する自治体が増えてきたのはこうした事情からでしょう。

したがって、自発参加奨励型の地域担当職員制度は、あくまでも「地方公務員も地域で生きる一員として、住民とともに地域の問題を語り合い、考え、解決に努力する人間である」(4)という思想を核に構成されるべき仕組みだといえるでしょう。そして、他のタイプにも当てはまることですが、とりわけ自発参加奨励型を定着させるには、いわゆる働き方改革や業務改革を含めて、職員が自発的に地域に関われる環境整備が何よりも重要になるのです。

■任用によらない仕組み②～任意団体型

任用によらない別のタイプに、居住地区別に行政職員で構成される任意団体が設けられ、その団体が実質的な地域担当として各地区での活動をサポートする役割に携わる仕組みがあります。筆者が地域担当職員制度の調査研究に着手しはじめた当初には、まったく想定していなかった興味深いタイプです。

例えば、福山市（広島県）では、自治会や地域の多様な団体で構成されるまちづくり推進委員会が2006年に全小学校区に設置されましたが、それよりもはるか以前、1979年に、「学区在住行政職員の会」が結成されています。これは、同年策定された「同和問題市民学習の推進構想」で、行政・教育関係機関職員が各地域で市民学習の促進を図ることが求められたことに応じたもので、任意団体ですが全職員が加入しています。この学区在住行政職員の会が、本来の人権啓発の推進活動のほかに、地域づくりにも関わりを持ち、現在ではまちづくり推進委員会とも連携し、構成団体として会議に参加しています。これは「職員・ボランティア」タイプの活動であり、全国的にも珍しい例かもしれません。

なお、任意団体とはいえ、包括的に全職員が加入する仕組みであるがゆえでしょうか、会員であってもそれ以上に各会の運営に積極的にコミットしてもらえる職員が確保できるかは別問題で、悩みの種のようです。また、居住地を基準に組織化しているため、市外から通勤する職員をどう位置づけるかも課題となるでしょう。

こうしたタイプの仕組みを公式的に採用する自治体は珍しいかもしれませんが、全国隈なく調査すれば、こうした自発的な取組みを含めて類似の運用例を意外と発見できるのかもしれません。

■職務としての地域担当

第32次地方制度調査会第3回専門小委員会の席上、川上村（奈良県）の「おてったいさん」制度が栗山忠昭村長より紹介され話題となりました。「おてったいさん」とは、お手伝いさんに由来します。川上村内全26大字にそれぞれ2名ずつ役場職員が出向く地域担当職員制度のことです。川上村のホームページを見ると、「役場への申請や届け出を、おてったいさんに」「伝統行事や地域づくりのお手伝いを、おてったいさんに」とあります(5)。役場職員と地域住民との関係が密だと考えられる農山村部にあっても、むしろ高齢化、人口減少の深刻な農山村部だからこそ、限られた人員の役場職員を効果的にやりくりするための工夫だといってよいでしょう。

一般財団法人地方自治研究機構の調査によりますと、導入自治体の9割以上は地域担当を公式的な職務として位置づけています(6)。人口規模30万人以上の都市では100%です。先ほど取り上げたような、任用によらないタイプは例外なのです。

■「専任」地域担当職員とは

職務として地域担当職員制度を考えると、その任用形態は専任か併任かに大別して考えられます。

専任の地域担当職員とは、当然ながら地域担当であることをもっぱら職務とする職員です。まず、正規職員による仕組みとして考えると、本庁の地域担当部署で所属職員が地域を分けて担当するケースが想定されます。例えば、小学校区ごとに40年以上の歴史を持つコミュニティ(単会)が運営されている日立市(茨城県)の市民活動課、中学校区単位に円卓会議を設置する大阪狭山市(大阪府)の公民連携・協働推進グループなどがあります。あるいは支所や出張所など管轄が地区割りされた出先事務所でのコミュニティ担当職員を含めて考えることになるでしょう。

もっとも、自治体内の特定地区を所管するからといって、出先事務所に勤務する職員をすべて地域担当職員と呼ぶのはふさわしくないかもしれません。あるいは、本庁にあって地域担当部署ではなく個別事業部署に所属していても、業務を地区割りして担当している場合も違和感があります。

いずれのケースもここでいう「専任」地域担当職員とは一般にみなしにくいのは、ここでいう地域担当職員とは、担当業務が空間的・地理的に地区割りされているだけでなく、縦割りの特定業務に限定されないオールラウンドな業務内容への対応が想定されるからでしょう。これに対して、本庁の個別事業部署所属の職員はもちろん、出先事務所の職員もまた多くは本庁のラインに沿って特定業務に従事する点でこの要件を満たしているとはいえないのです。極端な例を持ち出せば、指定都市の区役所勤務職員を一括して地域担当職員と呼ぶわけにいかないことからもわかります。

本庁にせよ出先事務所にせよ、特定業務に従事する職員がその本務にエネルギーを傾注させたうえで、地域に足繁くアウトリーチをかけ、業務外のことであっても地域の課題に気づいたり、住民からの要望に耳を傾けたり、あるいは具体的な要望が持ちかけられたりしたとき、本人自らではなくとも適切な部署に伝達し、速やかに対処できるのであれば、そもそもここでいう地域担当職員制度などは不要なのです。確かに、基礎的自治体の職員たるものそうあるべきという心構えは不可欠です。そうだとしても、現実はそうはいかないという判断が「専任」制度を考える出発点だといえます。そして「専任」制度を構築するとなれば、本庁・出先事務所の地域担当部署職員がまずもって想定されるでしょう。

■「専任」別働隊の創設？

しかしながらここで留意したいのは、地域担当部署に所属する職員だからといって純粋に地域担当の「専任」とは限らないことです。地域担当部署は、例えば、町内会・自治会やまちづくり協議会などコミュニティ全般にわたる業務、さらには住民参加、協働などの制度設計・運用、ボランティア活動に関する業務など、自治体によって組織編成はまちまちで、地域にまつわる雑多な業務を手広く所掌している場合が多いでしょう。当然、所属職員も特定の地域担当以外の業務を何らかのかたちで兼務しているのが実情です。また、自治体の規模や担当を貼り付ける地域の単位数によっては、地域担当部署所属の人員だけで割り振ることは物理的に困難かもしれません。要するに、きめ細やかに、しかもオールラウンドな対応で地域にアウトリーチをかけられるような制度に仕上げようとするならば、正規常勤職員のみによる「専任」の仕組みでは限界があるといえます。

一つの解決策として非常勤職員を含めて「専任」体制を構築する手法が考えられます。正規常勤職員100％で地域担当制度を運用する自治体がある一方で、例えば、鹿児島市では、非常勤嘱託員（13名）を地域連携コーディネーターとし、地域コミュニティ協議会の設立及び活動支援に関わる相談・連絡調整業務等を担っている例がありますが、これは100％非常勤による制度です。下関市（山口県）の地域サポート制度は、まちづくり支援課地域サポート室に配属する職員から地域サポート職員を市長が任命する仕組みですが、常勤3名に対して非常勤13名（非常勤割合81・3％）です。また、東大阪市（大阪府）でも地域サポート職員について再任用職員を半数当てています(7)。

非常勤職員の勤務形態や個々人の職務上の履歴の詳細は確認できませんが、例えば、再任用職員（短時間勤務）であれば、実質的に正規常勤職員とほぼ同等の仕組みを構築・維持できるといえます。人員数として厚みのある退職世代の活用や今後の定年延長論議を見据えると、再任用職員を地域担当職員として活用する手法は有望な選択肢でしょう。

■「併任」制度とその普及

さて、いま一つの選択肢として、あくまでも現役職員にこだわって制度設計するならば、「専任」ではなく「併任」の仕組みが考えられます。実際、一般財団法人地方自治研究機構の調査で地域担当職員制度を導入していると回答したうち（318自治体）、8割以上は「併任」（272自治体）の仕組みを導入した自治体であり、「専任」（43自治体）は多く見積もっても1割あまりに過ぎません(8)。量的に充足することにねらいを置くと先述の再任用職員による「専任」制度が当面は有力な手段かもしれませんが、「現役」職員を活用する固有の意義を考える必要もあります。

そのためには、そもそも何のための地域担当職員制度なのかをしっかりと考える必要があります。すでに見てきた事例をはじめ、各自治体のねらいや地域担当職員の職務内容に関する規定から、その目的は複合的だといえます。大別すると、①地域に対する支援、②地域に対する情報提供、③地域からの情報集約、④地域との協働、⑤地域での人材育成、と整理されます。

■地域に対する支援

地域担当職員制度で最も重視されるのは地域に対する支援です。地域に対する支援といってもその幅は広く、一般に想定されるのは、コミュニティの主要な活動内容である祭りなど行事の準備などでの人員の提供でしょう（作業支援）。川上村（奈良県）の「おてったいさん」制度では「役場への申請や届け出」の手伝いといった、住民個人の支援までも業務内容に含んでいます。かつて集落など地縁組織が「行政協力制度」(9)として窓口機能を担っていたケースもあったので、こうした機能への支援（ここでは代替・補完を含む）だと考えれば、地域への支援の一環だとみなせます（機能支援）。また、地域の組織・団体向けに本来であれば自らでこなさなければいけないはずの会計など事務的な業務を代わりに行うなどの支援もあるでしょう（事務支援）。

行政主導で設置される傾向の強い、学校区単位のまちづくり協議会などの協議会型住民自治組織の場合は、従前から行政と協力関係の強い町内会・自治会（ないしその連合組織）といった地縁組織のほか、ＮＰ

Oやボランティア団体、事業者、商店会など地域性に応じてさまざまなタイプの構成団体を包摂することもあって、円滑な運営を定着させること自体が重要な意味を持つことがあります。例えば、元木博による中核市規模自治体の調査でも、地域担当職員制度の「課題」として「地域住民や団体等との連携など地域への関わり方」が7割以上とその他の回答（2位は4割程度）を引き離して最も多く回答されています⑽。地域担当職員が会議に同席し、円滑な運営に目配せし、場合によっては運営の透明化・民主化を促すのも重要な役割でしょう（運営支援）。

また、高浜市（愛知県）の特派員制度のように、会議のテーマによっては担当以外の職員の出席を要請（ないし説得）することも重視され、さらには地域の課題に対して適切な助言や情報を提供するとか、当該地域ならではの政策づくりや事業の企画に力を尽くすことも必要とされるでしょう（政策支援）。地域づくりに意欲的な地域をスムーズに行政担当部署につないだり、国や自治体、民間団体の補助金・助成金などの情報を適切に提供したりできるかは（調整支援）、しばしばパイプ役と喩えられる地域担当職員の力量を測る試金石となります。

さて、作業・機能・事務支援は、平均的な自治体職員の資質があれば十分にこなせるはずでしょう。特に作業支援は元気で若い職員こそ適任かもしれません（もっとも、そうした役回りに限定して若手職員をあてがうのは、若手職員の成長や地域に関わる意欲の向上にとって適切かどうかはケースバイケースです）。これに対して、運営・政策支援となると、職員としての経験や知識、さらにはコミュニケーション能力を含む人間力が問われます。したがって、いかなる支援に重点を置くかにより、対象職員の職層、員数（複数の場合その構成）に関して制度設計をするうえでどのような組み合わせにするのか選択の余地が生じます。前者に比重を置けば、職層を意識しない、あるいは若手職員中心でもよいわけですが、後者に比重を置けば、ベテラン職員や管理職層に対象を絞り込むとか、近い将来の管理職候補の活躍に期待することになります。上記支援のカテゴリー全般にわたるのであれば、習志野市の例のように地区ごとに管理職をトップに据えた複数人のチームで地域担当するのが望ましいかもしれません。

■情報の提供と収集

地域への情報の提供のあり方も、前述の政策・調整支援のようなタイプのものもあれば、回覧板や広報紙・チラシなどで周知するお手伝い程度の軽微な場合もあります。もっともお手伝いといっても、適切な情報提供を続けることは、地域との信頼関係を損なわないためにも極めて重要な役回りです。こうした情報提供のあり方いかんが、地域レベルでの自治体及び行政に向ける関心の高低に直結することも考慮する必要があります。

わざわざ地域担当とするのは、行政情報の的確な提供だけではなく、どちらかといえば、地域ごとにきめ細かに情報を集約することに力点を置きたいからでしょう。先述の元木の調査でも、過半数が「地域ごとの政策形成に関する意見・情報の把握・集約」を目的として選択しています⑾。また、一般財団法人地方自治研究機構の調査でも過半数が「住民ニーズの把握」を目的に挙げ、また、「地区の意向や要望が把握しやすくなった」（67・5％）、「地域の課題解決に役立った」（44・9％）を制度の「成果」に挙げているのがその証左です⑿。

■地域との協働と人材育成

地域との協働は、地域への支援について目的として重視される事項でしょう。ただし、地域担当職員制度によって、果たしてどれだけ地域と行政との協働が促進されるのか、また実績を上げているのかなどは数値には現れにくい面があり、必ずしもはっきりしません。地域担当職員を設置すること自体が協働だ、と歪曲されるようなケースもまま見受けられます。もしそうだとすればむしろ制度の意義をないがしろにしてしまうおそれすらあります。実際、担当となった個人の頑張りに依存している実態もあります。だからこそ、担当者によって「差」がある、地域から見ればあの職員はアタリだけど、こっちの職員はハズレだ、という「問題」が指摘されるのでしょう[13]。地域担当職員としての熱意と実績で歴然と現れてしまう「差」が、地域差に由来するのならばむしろ許容されるでしょうが、職員の能力・資質・意欲などに由来する「差」であればどうでしょうか。そもそもその見極めは難しいでしょうし、個々の職員と地域との相性が合うかどうかも問われます。

地域担当になれば現場であるコミュニティに直接コミットする機会が増える点で、職員の成長につながるのは確かでしょう。そうした目的を前面に押し出す自治体も増えてきました。ただし、その効用は明確に把握できる類のものではないですから、特に若手職員の人材育成にどのような影響を持つのかはしっかりと見極める必要があります。

そして、肝要なのは地域担当職員制度を支える庁内態勢です。行政資源としての人・組織をめぐる、より広い文脈で考えることが大切だということを指摘しておきます。

COLUMN

地域担当制の制度デザインとその論点

実際に地域担当制の制度を設計しようとするとき、すでに述べた論点のほか、以下のようなことも考慮する必要があります。

■地域担当のチーム編成について

地域担当を一つの対象地区あたり複数の職員を配置する場合、チーム編成を組むことがあります。例えば、地域担当制の草分けである習志野市では、図表3－2のように組織編成されており、地域担当制の役職に応じて職層が当てられています。地域担当制の職務の執行に際しての指揮監督権は、通常の行政組織規則の規定にかかわらず、それぞれの上位の責任者に与えられ、組織の運営については、各地域の地区長に委ねられています。

習志野市ほどの厚みのある組織編成が取られる例は少ないかもしれません。3～4人で同一の地区を担当するグループを組む場合にはそのうちの一人に管理職が配置される事例、管理職以外の職員で構成される事例（例えば、長浜市（滋賀県）の地域支援職員制度では、比較的若手の職員から公募で希望者を募

図表３－２　習志野市地域担当制の組織編成

役職	補職	備考
地区長	次長・室長・副参事・副技監・事務局長	
副地区長	次長・副参事・副技監・課長・会計管理者・事務局長・主幹	
班長	課長・主幹	1地区1～4班
事務局長	課長・主幹	
事務局付	係長・主査・主査補	1地区2～3人配置（うち各地区1名以上女性職員を配置）
班員	係長・主査以下	1班10人編成
保健師		1地区1人配置

（注）習志野市ホームページ
https://www.city.narashino.lg.jp/joho/machidukuri/shiminsanka/chiikitanto.htmlより引用。

り任命）、あるいは管理職のみを地域担当職員にする事例などさまざまにあります。

湯沢市（秋田県）の地域自治組織支援職員制度は、地区単位で必ずリーダー、サブリーダーを一人ずつ配置したうえで、地域に居住するすべての職員を支援職員とする地域、毎年輪番で支援職員を決める地域など、リーダーが中心となって地域ごとの組織編成がされている点がユニークです。

一般に若手職員であると経験が浅く、行政にも精通していないため、地域からの投げかけを十分受け止めきれない点で難しい面がある一方で、あえて研修を意図して若手職員を地域に飛び込ませることもあることはすでに述べたとおりです。

■任期について

地域担当職員の在任期間を定めているかどうか、定めている場合の期間の長さや再任について決められているかどうかも制度デザインのポイントになります。

例えば、高浜市の特派員制度では、任期は3年とされ、再任可とされています。また、特派員が欠けた場合には前任者の残任期間を補欠することになっており、3年ごとに再任を含めて新たに任期が更新される仕組みになっています。

笠岡市（岡山県）の地域担当職員制度では、一地域3人の職員が3年の任期で配置されますが、地域との関係の継続性を重視して、1年ごとに一人ずつ交代する仕組みとしています。

■居住地との関係

地区担当職員として担当する地区を当該職員の居住地とするのか、それ以外の地域にあえてするのか、また、都市部の自治体などでは自治体の区域外に居住する例も少なくありませんが、そうした職員についてはどのように扱うのかも重要な点です。

一般には居住地をはじめ希望する地域とすることが多いようですが、田原市（愛知県）のまちづくりアドバイザー制度では、その逆に、基本的に居住地外とすることで、自発的な地域活動と職務としての活動の区分けをはっきりとさせています。また、笠岡市は少なくとも居住者を1名入れるとともに居住者以外も入れています。居住者の方が地域に慣れ親しんでいる反面、頼られすぎて仕事が集中したり、行政と地域の板挟みになったりするデメリットもあることを考慮してのことです。

■職務内容について

地域担当職員の職務内容については、明確に定められている場合もあれば、必ずしもはっきりしていない場合もあり、定められている場合であっても、その内容はまちまちです。高浜市の特派員制度の職務についてはすでに触れましたが、習志野市の地域担当制では規則で、自己の職務に支障のない限り次の事項を担当するとしています。

(1) 人口、世帯数等の行政客体、行政の執行状況、施設の現状及び市有財産の管理状況等、地域の実態を把握すること。
(2) 地域の振興開発計画及び施設の整備計画について必要な助言をすること。
(3) 市政の問題点を把握し、その解決策を助言すること。
(4) 住民の行政に対する意向又は苦情について補助的機能を果たすこと。

各自治体の狙いや目的に応じて、地域担当制のあり方はさまざまに設計され、運用されていることが、その職務内容の多様性からもうかがえるでしょう。

3 地域担当職員の実践上の心構え

かつて吉岡初浩高浜市長から、「以前は職場を現場だと勘違いしている職員がいたが、最近ではずいぶんと変わってきた」とのお話をいただいたことがあります。高浜市が特派員制度を発足させて5年目ぐらいのことでした。地域担当職員制度の核心を突くご指摘だと考えます。

市区町村という基礎的自治体は「住民に最も身近な政府」であって、自治体職員には、住民生活が営まれ、課題が発生する最前線である地域社会＝現場に赴き、積極的にコミットすることが求められます。これを現場実践の行動原理と呼ぶことができます。地域担当制は、現場実践の行動原理にかなうものでなければなりません。地域担当制を定着させ、効果を発揮させる秘訣とは、一言でいえば、「わける」勇気と「つなぐ」誠実さを職員がどれだけ大切にするかではないかと考えられます。

■「わける」勇気

「わける」の第1として、職場と現場を職員の意識のなかできちんと分け、行動として体現できるようにすることが重要です。自治体職員の行動様式としての現場実践では、住民生活が営まれる地域を現場として捉え、積極的にコミットしていくことが重要です。その際、職場とは、現場にコミットしていく職員たちの出発地点であって、引きこもりを決め込むための場ではないということです。

本務所属先での通常業務のなかで現場実践に携わる職員は、業務マニュアルや職場上司・同僚からの助言、組織目標などをよりどころとしますが、地域担当制では、担当する地域・地区こそ限定されるものの、一般には本務の業務範囲を超えた総合的な対応や、さらには全人的な付き合い（ときには「職員・ボランティア」タイプの役割）までもが求められます。このような意味で、地域担当制とは、職場の殻を破り、異なる次元から自治体経営全般を振り返り見直す機会と積極的に考える姿勢も必要でしょう。

「わける」の第2は、地域と自治体を分けるということです。より厳密にいえば、コミュニティ組織が担うべき業務と自治体がそれを支援するために行う業務とを曖昧なままとはせずに、役割分担関係を明確にすることが肝要です。

コミュニティ組織が自主的な活動を展開するうえで、行政からの適切な支援、例えば、活動立ち上げ時の情報提供や資金面の一定の助成、人的協力などは配慮されることになるでしょうが、それが行き過ぎたり常態化してしまったりすると行政依存の深みにはまってしまいます。コミュニティ意識の希薄化、組織率の低下や担い手の高齢化などがこうした傾向に拍車をかけていることはすでに指摘したとおりです。他方で、行政側も、財政状況が厳しくなり、定員が削減されるなか、広報誌の配布などを含めて雑多な業務を半ば下請け的にコミュニティ組織にお願いするかたちで依存してしまうことが少なくありません。

このように、コミュニティ、行政の双方が互いに窮して押し付け合う構図に陥りやすいので注意が必要です。

地域担当職員には、これまでの地域と行政のもたれ合いからは一歩距離を置き、むしろもつれたしがらみを解きほぐすことこそが期待されていることを自覚すべきです。地域から押し寄せる陳情・要求の単なるゲートキーパー（門番）役になるという意味だけではありません。ときに行政が限界ぎりぎりまで「丸抱え」してきたのを、突如、地域に「丸投げ」して住民の反発や不信を買ってしまわないように目を光らせることも重要です。

さて、「わける」の第3は、職員の地域での活動において、公務とプライベートな地域参加とを明確にし、けじめをつけることです。

町内会・自治会担当の職員が職務の合間にそれら団体の会計事務などを請け負ったり、休日に行われる地域のイベントに職務の延長でかり出されたりといったことがまま見受けられます。自治体組織は人口減少・少子高齢化で人手不足が課題とされるなか、地域によっては人材の宝庫、場合によっては唯一のまとまった雇用の場といってよい場合さえある以上、ある程度はやむを得ないことでしょう。

地域人財として職員を捉えた場合、他の住民と同じ一個人（私人）と見なしてもらえるかといえば、自治体職員だという認識が地域の住民の間では先立ってしまうかもしれません。実際、自治体職員だからということで多くの仕事を押し付けられるのを避けるために、地域活動に尻込みしてしまう者も少なくないのです。しかしながら、職員といえども、あくまでも自発的かつプライベートな地域への関わりであることには変わりはないので、この点をはっきりさせる必要もあります。

これに対して、地域担当職員ということになれば、その職務の範囲が単なる地域と行政のパイプ役なのか、それとも地域の住民とともに汗を流すことも含まれるのかにかかわらず、自治体職員として〝組織を背負う〟面は否めません。地域人財の供給といっても、両者の持つ意味合いが決定的に異なることはしっかりと確認されるべきです。

■「つなぐ」誠実さ

さて、次に「つなぐ」に着目すると、第1に、現場と職場をつなぐことが真っ先に挙げられます。先ほど現場と職場を「わける」としたことと一見相反するように思われるかもしれませんが、分けたうえで再びつなぎ直すことが論理的には重要です。職場の殻を破って地域に飛び出したとしても、本務をこなすためには職場に戻らなければなりません。そのとき地域から何を職場に持ち帰るかで地域担当職員の力量が問われ、担当職員が持ち帰ったものを職場でどのように受け止めるのかでその職場力が問われるのです。

「つなぐ」の第2に、職場と職場、つまり、自治体内の縦割りの行政組織を横断的につなぐ点が指摘されます。コミュニティにおける地域担当職員の役割として最も多いのが、行政との連携や調整の窓口です。行政の組織は縦割りで最も力を発揮しやすい構造上の強みを持つ一方で、行政外部の地域住民からするとそれはなじみにくい縦割り主義の象徴でもあるのです。縦割りの強みを活かしつつも、縦割り〝主義〟を打破するのが地域担当職員の重要なミッションだと考えて行動すべきでしょう。

そして「つなぐ」の第3は、地域における担い手をつなぐことです。要するに、地域担当職員が地域の触媒となることを意味します。触媒は、自らが変化するよりも、触媒に関わる周囲を変化させるものですが、ここでは、地域に関わる多様な主体の関係をプラスアルファの効果を生み出す創造的な方向へと変えていく創発を意味します。協議会型住民自治組織等を対象とした調査によると、地域担当制を設けた場合とそうでない場合とでは、地域での特徴ある取組みなどの実施度合いにははっきりと差が認められるという調査結果もあります⒁。会費や自治体からの交付金・補助金以外に収入を得る自主事業を行っているか、全住民（全世帯）を対象としたアンケート調査を行うなど住民意見を広く集める努力をしているか、などで、地域担当制の設けられた地区では顕著に積極的な姿勢が示されています。言い換えれば、住民力を引き出し、創発効果を発揮させるよう地域担当制の運用方法の工夫が求められるのです。

■地域担当制の可能性を活かす

地域担当職員の心構えとしての「わける」勇気と「つなぐ」誠実さについて見てきましたが、仮に「わける」がきちんとできていないのに「つなぐ」ことに力を入れすぎてしまえば、職員が職場を現場と見なす発想から抜けきれない、旧来からの地域と行政のもたれあい構造を延命させてしまう、あるいは、職員の地域での活動にけじめがつけられないなど、地域課題の解決にはつながらず地域は不満を溜め込んでしまいます。また、決して少なくない負担を背負わされた職員の方も疲弊してしまいます。逆に「わける」だけで「つなぐ」ことがなければ、自治体と地域を有機的に結びつけられません。現場実践という自治体職員の行動様式を尊重しつつ、コミュニティ側でも、地域担当職員を含めた自治体職員を、貴重な〝現役〟世代の地域人財として自然に受けとめ、円滑に地域に迎え入れられるような流れをつくれるかが肝要です。「わける」と「つなぐ」はいずれも欠かせない車の両輪といえます。

〈注〉

(1) 一般財団法人 地方自治研究機構編『地域担当職員制度に関する調査研究』平成29年3月、15頁。

(2) 一般財団法人 自治研修協会編『地域自治組織等における人材の活用に関する研究会報告書（平成26年

度)』平成27年3月、49～50頁参照。
(3) 以下の事例は、筆者も調査研究に従事した、一般財団法人 自治研修協会編『地域自治組織等における人材の活用に関する研究会報告書（平成24年度～平成26年度)』平成25年～平成27年、前掲『地域担当職員制度に関する調査研究』を参照。
(4) 地方公務員制度調査研究会『地方自治・新時代の地方公務員制度』１９９９年。
(5) 川上村ホームページ http://www.vill.kawakami.nara.jp/source/docs/20170200115/
(6) 前掲『地域担当職員制度に関する調査研究』26頁。
(7) 前掲『地域担当職員制度に関する調査研究』93～１０１頁参照。
(8) 前掲『地域担当職員制度に関する調査研究』で「専任」と回答した自治体のうち、出先事務所職員をもってすべて地域担当職員とみなしていると思われるところも少なくないことから、実際に「専任」制度を採用している自治体はより限定的と考えられます。
(9) 日高昭夫『基礎的自治体と町内会自治会』春風社、２０１８年。
(10) 元木博「『地域担当職員制度』の現状と課題」『まちづくり研究はちおうじ』第4号、２００７年、１０８頁。
https://www.city.hachioji.tokyo.jp/shisei/001/001/010/p015530_d/fil/13kennkyuu1chiikitanntou.pdf
(11) 元木前掲論文１０５頁。
(12) 前掲『地域担当職員制度に関する調査研究』75頁。
(13) 元木前掲論文１０８頁。
(14) 一般財団法人 地域活性化センター編『「地域自治組織」の現状と課題』平成23年3月、66～67頁参照。

第4章

「担い手不足」問題と地域人財の循環

1 「担い手不足」問題の本質

■地域人財としての住民一般

コミュニティにかかわる地域人財の対象は、自治体職員というよりも、むしろ、住民一般を考える方が議論としては本筋です。前章の図表3－1で示された類型のうち、「住民・公務」タイプと「住民・ボランティア」タイプは住民一般にも当てはまりますので、参考にしてみましょう。

コミュニティの自治を尊重する観点からすれば、自治体が直接タッチせず、自主・自発性に委ねる「住民・ボランティア」タイプがまずは基本です。コミュニティ主催のイベントや清掃活動などをはじめ、コミュニティの一員としての自主・自発的な参加・協働にはじまり、町内会・自治会など地縁団体の会長職をはじめとする役員の選任も、それぞれのコミュニティの自主的な決定によります。また、協議会型住民自治組織については、制度設計こそ行政が主導的な役割を果たすかもしれませんが、あくまでも参加・協働を奨励するところまでが自治体の本分であって、運営は住民自身の自主・自発性に委ねられ、役員等の選出も互選によるのが一般的でしょう。

他方、「住民・公務」タイプについては、行政が強力にコミットして任用という手法・手続きを取る場合があり、例えば、行政委嘱員制度があります。町内会長・自治会長等を行政区長等に、住民個人を各種の行政協力委員等に委嘱する仕組み（非常勤特別職への任用）です。歴史的には、前者は明治期に成立し現在の市町村制度につながる市制町村制に由来し、後者は戦後の連絡員制度に淵源を持つ仕組みで、さまざまな名称が付されますが現在でも全国各地で見られる主流というべき手法です。なお、地域自治区の地域協議会など法定地域協議組織の構成員は首長による選任と法定されているので、新たな行政委嘱員制度とみなせます。

行政学者の日高昭夫は著書『基礎的自治体と町内会自治会』で、町内会・自治会が「地方自治システム」の一翼を担い、市町村との間で密接な行政協力制度を構築してきた点を、歴史研究を踏まえ実証的に論究を試みています。同書によれば、前述の行政委嘱員制度は、組織としての町内会・自治会の社会資源を直接動員するうえで人事管理的制御タイプに位置づけられるとしています。

興味深いのは、こうした伝統的な手法である人事管理的制御タイプに対して、日高は、包括委託や一括交付などの財政的制御タイプの仕組みと組み合わせて行政の関与の度合い（日高は行政への「集権性」の強弱で示す）に応じた行政協力制度の類型を提示して説明する点です。そのなかで、人事管理的制御タイプは、現状では期待されるほどの効果を上げていないと指摘します(1)。いくつかある理由のなかでも注目したいのは、かつて町内会・自治会が重要な役割を果たしていた「窓口業務の代行」等の業務が、戦後、高度成長期以前までには市町村によって直接執行されるようになったために激減した一方で、「公共的サービスの実施」に関わる分野で「協働」のウェイトが大きくなったという指摘です(2)。

行政学という学問領域では、行政が自己完結せず、行政外部の民間に対して行政内部のロジックを用いて制御する関係を、「底が抜けた」と表現することがあります。よくいえば官民連携、悪くいえば癒着関係を生むこともあるこうした日本の行政の宿命的な特質を、日高は市町村と町内会・自治会との公民関係にも見出すのです(3)。そして行政の代行から行政との「協働」へと地域に対して求められる役割が変化したことを実証したうえで、かつて一手に役割を担ってきた町内会・自治会だけでは対応し得ないような段階に、「底が抜けた」公民関係そのものが変容したことを見抜いたのは日高の慧眼といえます。

防犯・防災、まちづくり、子どもや高齢者の見守り等、今日、地域ガバナンスのテーマが広がりを見せ、自治体や地域が関わりを求められる「公共的サービスの実施」が多様化することで、地域人財のマネジメント手法もまた必然的に変容を遂げざるを得ないということでもあるのです。

■当事者性と「一人一票制」

地域人財は、ただ存在するだけでは、コミュニティ形成に貢献することはありません。マルチスケールに構成される地域社会のなかから選択されたコミュニティに対して積極的なコミットメントがあってはじめて、地域人財はその当事者となります。

雲南市（島根県）の地域自主組織の活動や小規模多機能自治推進ネットワーク会議の現状については、キーパーソンである雲南市地域振興課長の板持周治さんから折を見てお話を伺うのですが、あるときあらためてハッと目を見開かされたことがありました。雲南市では小規模多機能自治の考え方の根本に「一人一票制」という理念を据え続けてきたこだわりに気づいたからです。

雲南市が小規模多機能自治の概念を提起し、法人格の創設を求めて他3市とともに取りまとめた提言からも確認できますが、小規模多機能自治の強みは、「住民一人ひとりがさまざまな立場から主体的に関わる一人一票制の概念を持ち、概ね小学校区という比較的小さな範域では、同じ指示命令系統のもとで、連携、協働することにより、さまざまな分野を一体的に地域経営できる」⑷ことだとします。「一人一票制」が積極的に位置づけられているのがわかります。

地域人として当事者意識を持ち続けて地域に関わるうえで、「一人一票制」の考え方は根幹となる要素ではないかと考えられます。しかし残念なことに、コミュニティ自治を語る文脈では、「一人一票制」が明言されることは乏しいように思われます。

■「一人一票制」はハイスペック過ぎるか？

コミュニティ自治のガバナンスとは、ある地域的な広がりを持つスケールをまとまりの単位として実態をともなう集合体を「形成」すると同時に、そうして形成された集合体が運営されるなかで内部（構成員間）での合意調達や外部に対する利益の表出・主張を通じて「代表」機能を確保するための仕様だと考えられます（第2章）。「一人一票制」は規範的にはこれからのコミュニティ自治のガバナンスにとって望ましいあり方と受けとめられてもよいはずなのですが、実際にはハイスペックに過ぎると敬遠されてきたのです。

例えば、身近なところでいえば、町内会・自治会等の地縁団体は世帯を加入単位とするのが一般的です。会長等の役職者の選出に仮に「民主的」な選挙などの手続きが定められていても、「世帯一票制」であるのが通例です。そもそも輪番制などで役職者が決められることも多く、その場合も世帯を単位としてです。これを国政や自治体の選挙と同じように「一人一票制」の選挙で選出しようといえば、それはやりすぎだ、という反応が即座に返ってくるでしょう。

上越市（新潟県）は、「公募公選制」で地域自治区の地域協議会委員を選任する仕組みを全国で唯一導入した例です。実際には、選任投票に至った件数はごくわずかで、ほとんどの場合で応募者が定数に満たないため、市長によって選任されてきました。こうした事例からも、「一人一票制」は理想に過ぎるのではという批判はありうるのかもしれません。しかしながら、自治体議会選挙でも立候補者の確保に四苦八苦している現状からすれば、やむを得ないことだと考えるべきです。むしろ、「公募公選制」を導入し、実際に選任投票に至った例があること自体に意義が認められてよいはずです。

とはいえ、選挙や投票ではハードルが高過ぎるとすれば、少しハードルを下げて考えてみることもできます。例えば、地域カルテづくりや独自の計画づくり（第5章参照）を進める際に、住民アンケートを行うことがあります。回答者を選ぶ場合、世帯を単位に無作為抽出されることが多く、全数調査といっても、実は全戸（全世帯）調査であることがあります。本当の意味で住民個人を単位に標本抽出したり、住民全員を対象としたりするとは限らないのです。筆者自身が自治体の計画づくりに関わった際に、全数調査をしてもさほどの作業やコスト負担にはならないと思えないような人口規模の場合であっても、世帯単位での実施に強くこだわられ、結局押し切られてしまった経験は幾度かありました。そのたびごとに世帯への固執、個人の軽視の強固さを感じてきたのです。

海外に目を向ければ、イギリスでは2011年ローカリズム法によって、基礎的自治体（ディストリクト）内の地域単位であるパリッシュでの計画策定のプロセスに、上位計画の枠内でと限定されはしますが、住民投票が義務付けされており、コミュニティ自治において「一人一票制」に基づいて、住民の声を反映した計画づくりを実現させた例といえます(5)。今世紀に入り高まりを見せてきたローカル・デモクラシーの趨勢は、コミュニティ自治での「一人一票制」実現に親和的といってよいでしょう。これに対して日本では「世帯（一票）制」が当然視され、個人を尊重した「一人一票制」が議論の俎上にすら載らないのです。この問題は、もっと問われて然るべきでしょう。

■「一人一票制」と地域のダイバーシティ

歴史的には、「世帯（一票）制」は、近代以前のマチやムラの自治が「イエ」を単位に成立してきたことに遡って説明できるでしょう。そして近代以降、最も基礎的な集団である家族を中心とした世帯があり、その集合体として集落や町内会・自治会といった地縁団体が形成され、それらが連合してさらに上部団体を形成する構図が形成されました。国政・自治体選挙で普通平等選挙が実現した戦後社会にあっても、多くの地域ではコミュニティの同質性を前提として、このような重層的な建てつけが厳然と続いてきたといえます。そこでは、伝統的・家父長制的な価値観が色濃く残り続けがちであり、それとともに地域社会にあって男性かつ年長者優位の構図もまた温存されたままに、限定的な民主的運営がなされてきた面は否めません。国際的に見て日本女性の社会的地位が極めて低いことが近年問題視されていますが、草の根レベルでの「女性のいない民主主義」(6)もまた深刻な状況にあることは間違いありません。

同様なことは「若者のいない民主主義」にも当てはまります。地域の子どもを対象としたプログラムにいかに熱心に取り組もうと、あるいは若者会議などを設けて中高生や若年層を地域づくりに積極的に巻き込みに図ろうとも、成人した若者を個人として尊重する「一人一票制」が実質的に確保されないようであれば、当事者として地域に関わり続ける意思は持続できないのも当然でしょう。イベント的な賑わいづくりが先行しがちなところに若者政策の落とし穴がないか要注意です。

いうまでもありませんが、「一人一票制」とは、何でも投票でシロクロつけよう、即断しようということではありません。むしろ、個人を尊重し、仮に意見や立場が異なるもの同士であっても当事者としてお互いを受け入れ、対話を重ねていこうという姿勢につながる、コミュニティ自治のガバナンスの基本スペックと考えるべきです。次章で大鳥羽地区（福井県若狭町）の取組みを紹介しますが、そこで特筆されるのが自主学級グループです。若者や女性の参加を促す考え方から、年代別に、かつ、世帯から夫婦での参加を原則として各グループが構成されるという、他地域ではほとんどうかがえない特徴が認められるからです。選挙や投票をともなわずとも「一人一票制」的発想がコミュニティ自治にしっかりと組み込まれた仕組みだと評価されます。この事例についてはあらためて述べましょう。

もちろん、「一人一票制」を強調したからといって、日常生活での基本単位である家族や世帯の大切さには変わりはありません。地域人財を考えていくうえで、女性や若者だけではなく、これまで当事者として地域への関わりが乏しかったり、排除・遮断されたりしていた、家族や世帯の一員でもある多様な主体が、誰一人取り残されることなく個人として地域に包摂されていく希望を拓く考え方が必要だということです。

2 中間支援と循環する地域人財

■同性・同世代偏向の壁を乗り越える

当事者性を確保し、開かれたガバナンスをコミュニティ自治で実現するうえで、「一人一票制」という理念が重要な意義を持つことを確認してきました。まずは「一人前」として扱われないようであれば自分ごととして積極的に関わりを持ちたいなどと思うはずがないということです。端的にいえば、個を尊重するという真っ当な発想だといえます。

真っ当な発想ではあっても実際には建前にすぎず、あからさまに否定されずとも顔ぶれを見れば「女性のいない民主主義」「若者のいない民主主義」であることが歴然であったりします。担い手不足を嘆く一方で、「女性」「若者」の影が薄く、同性・同世代偏向（とりわけ男性・高齢層）が根強かったりするのです。

■「支える」「つなぐ」「掘り起こす」

コミュニティ自治の担い手不足に対してこれまで自治体が試みてきた主な対処法を整理すれば、「支える」「つなぐ」「掘り起こす」の三つの考え方に集約されます。

まず「支える」とは、支援・助成策です。ニーズにかなった活動を円滑に行い、魅力的な取組みで人集めがしやすくなるよう活動費に補助するのも一つの方法です。また、事務局運営に関わる人件費を手当てするなど、財政的支援は広く取り組まれてきた手法でしょう。また、前章で述べたような地域担当職員制度を設けて、迅速かつワンストップな対応をきめ細かに行う直接的な人的支援も、「支える」仕組みとして多くの自治体で活用されています。

「つなぐ」は、連携・統合策です。つなぎ方はさまざまに考えられます。交流を促し、相互支援の関係を作るために広域的な連携を進めたり、合併により組織そのものの統合を図ったりすることもあります。対象となる団体が同種の組織間であることもあれば、異種の組織間となる場合もあるでしょう。協議会型住民自治組織は、多様な団体を構成メンバーとすることが多いことから、後者のタイプの代表例といえます。

「支える」にしろ「つなぐ」にしろ、そのさじ加減は難しいものです。持続可能なコミュニティ自治を実現するうえで「支える」策は重要でも、行き過ぎれば行政依存を生みかねません。「つなぐ」ことで目覚ましい創発効果が期待されることもありますが、ちぐはぐな連携はかえって無駄な調整の手間を増やします。組織再編までをともなうとなれば反発はつきものです。既存組織をそのままに新組織を設ければ、屋上屋を重ねることになるかもしれず、かえって担い手不足に拍車をかけかねません。

なかでも見極めが難しいのが「掘り起こす」です。「掘り起こす」とは、新たな人材を発掘したり、能力開発したりする取組みです。かつてであれば地域の顔見知りの間で自ずと役回りが決まり、地域での暮らし・育ちのなかで〝キャリア形成〟されてきたでしょう。しかし、もはやそのようなやり方は成り立ちません。だからこそ、子どもの時分から地域を思い活動する人づくりをしようと地域と学校とを連携させる、若者にターゲットを絞った交流の場を設ける、あるいは、地域の担い手養成講座などを開設して積極的な人材発掘を試みる、などと近年エネルギーが注がれるようになってきたのです。

残念ながら、十年ほど前までは地域人財づくりといえば、子ども・若者世代を対象とした取組みとは見事に切断されていました。実質的に中高年男性を対象としたリーダーづくりが念頭に置かれがちだったのです。団塊の世代の大量退職「2007年問題」を控えた時期には、都市近郊の自治体が躍起になってその活用策を打ち出したのはその典型例でしょう。同性・同世代偏向のままに「つなぐ」「支える」策をいかに積極的に推し進めても、「女性」「若者」層縮小の負のスパイラルを助長するだけであったことは現実を見ても明らかです。

人口減少や高齢化が潜在的な担い手候補者層を縮減し続けてきたのは確かです。しかし、地域に「女性」「若者」が皆無なわけではありません。消滅可能性などと名指しされた地域であっても、必ず「女性」も「若者」もいます。ただ、活躍の出番づくりがされていないだけです。とはいえ、同性・同世代偏向の強固な地域ほど、正面突破で参加者の多様化を図り、活躍の出番を拡充するのが難しいのも現実ではあります。

■きらりよしじまと中間支援組織おきさぽからの示唆

そこで、具体例にヒントを求めてみたいと思います。

川西町（山形県）の吉島地区の自治を担う特定非営利活動法人きらりよしじまネットワーク（以下、「きらりよしじま」と略）は、地域丸ごと法人化した、協議機能と実行機能を兼ね備えた地域運営組織として著名です。現行の組織運営体制に転換するまでの歴史は、きらりよしじまのホームページで詳細に紹介されているので(7)、ぜひ参考にしていただきたいと思います。ポイントは、役員や事務局を従来のような当て職ではなく、責任を明確化し、事務局には積極的に次代を担う若手世代を登用している点です。

筆者がはじめてきらりよしじまの活動を知って以来、注目し続けてきたのは、持続可能性を担保する戦略的な人材育成プランです。地区内の各自治会から推薦された若手を育成する専門部制度を設け、これはという人材を事務局に配属し、事業の企画やワークショップでの運営ファシリテーターとしての経験を積ませることで、きらりよしじまの幹部候補として養成する仕組みです。きらりよしじまらしい、極めてシステマティックなものです。

実はきらりよしじまの活動を見ると、人材育成はこのプランだけに集約されるものではないことに気づきます。

きらりよしじまが他のコミュニティ自治の仕組みと大きく異なるのは、他のコミュニティ自治の担い手に対する中間支援を行う団体としての役割を果たしていることです。きらりよしじま設立から3年後には、きらりよしじまを母体に県との協働で、中間支援組織おきたまネットワークサポートセンター、通称おきさぽが設立されています（2010年）。おきさぽの規約によれば、公益活動の場・サロン的事業、情報収集・提供事業、相談・サポート事業、コーディネート・ネットワーク事業、コミュニティ活動推進事業、調査・研究・政策提言事業、講座・研修等自主企画事業、その他必要な事業がその業務とされています。要するに、短期間に目覚ましい成果を挙げたきらりよしじまのノウハウをぜひ知りたいという声に応えて展開された取組みだということです。

そして筆者が注目するのは、山形県内の人口千人未満の小地区での伴走型支援や、県外にまで及ぶ地域づくり支援のプラットフォームづくり、課題解決技術の伝授に際して、そこに若手を投入し、実践的な人材育成の機会としていることです。吉島地区を超えたもう一つのマルチスケールな人材育成のサイクルが、中間支援機能の遂行を通じて形成されているのです。

中間支援によるマルチスケールな人材確保

きらりよしじまとおきさぽの事例が示唆するのは、旧来型のコミュニティ自治に直接正面から「女性」「若手」などの新たな人材を送り込むのが難しいとすれば、別途人材を流入させる迂回経路を設ける手があるということです。その迂回経路とは中間支援組織です。中間支援組織を活用し、その役割遂行を通じて人材育成を図ることで、旧来とは異なる次元から、あたかもダンクシュートでゴールを決めるように、中間支援組織を通じて「女性」「若手」の人材を直接投入することで、コミュニティ自治総体の担い手を豊かにするということです。言い換えれば、マルチスケールな人材流通プロセスとして中間支援組織を捉えてみようという発想です。「女性」を排除したり、「若者」を手足のような安価な労働力と見なしたりしない、コミュニティ自治の新たな地平を切り拓く可能性がそこに見出せるのではないでしょうか。

地域のなかの「さあ！伴走」型人財

住田町（岩手県）では第1期、第2期の地方創生でいずれも総合計画・総合戦略一体型の計画づくりを推進してきました。第2期の計画づくりでは、計画目標案に「共生のまち　住田」を盛り込むことから、計画推進委員会（男女半々ずつで構成）と町議会との共催ではじめてのワークショップを開催しました。「みなさんの地域は、若者や女性が希望をかなえやすいか」とともに、「サーバント・リーダーと呼べるようなリーダーを育てるには？」をワークショップのテーマとしてみたところ、予想以上に活発な議論が交わされたのです。

印象的だったのは、相談事に耳を傾けてくれる、やりたいことに対してポンと背を押してくれるという意味でならば、サーバント・リーダーは結構いるし、自分たちが活動を進めるうえで勇気づけられたという発言をあちこちのテーブルから聴けたことでした。各テーブルの議論で、サーバント・リーダー的な存在になぞらえられたのは多くの場合女性でした。サーバント・リーダー的な存在とは、地域の長をはじめ役職に就くトップ・リーダーとは別人だと明言する住民がいましたし、やはり〝リーダー〟とはイメージしにくかった面もあったようです。〝サーバント〟は日本語に訳しづらかったので、事前の説明ではやむなく「（地域のために奉仕する）リーダー」としてみました。モラル・サポートを含めて、あれこれ世話を焼いてくれるという意味で受けとめてもらえたようでしたが、後から振り返ると、「さあ！伴走」リーダーとでも表現すべきであったかと考えています。

ともあれ、地域人財のなかでも、「さあ！伴走」型人財と呼べるような人々が現に地域で重要な役割を果たしており、そのように認識されていることを共有できたのは大きな収穫でした。と同時に、そうした人財が必ずしも組織化されているわけではないし、公式的に認知されてもいないのです。したがって誰がそうした人財に幸運にもめぐり会えて激励を受けられるとは限らないこともあらためて浮き彫りになりました。そして、このことは住田町に限った話ではないように感じます。

■中間支援とは

性別・世代で偏らず、「女性」や「若者」は当然のこと、多様な主体を包摂した、その意味で真っ当なコミュニティ自治を形成するためには、周到なアプローチが求められます。ややもすると抜け落ちてしまう、身近なところにいる「さあ！伴走」型人財の潜在候補を掬い上げられるかどうかは大事な点です。すでにきらりよしじまネットワークとおきさぽを紹介することで、中間支援組織のマルチスケールな人材活用にその手がかりを求めてみました。自治体が四苦八苦して地域の担い手不足対策で試みている「支える」「つなぐ」「掘り起こす」という方策のよりスマートなオルタナティブを、中間支援組織の活動に見出せる可能性を指摘したわけです。

そこであらためて、中間支援について確認しておきたいと思います。

中間支援を論ずるとき内閣府の報告書がしばしば引き合いに出されます。そこでは、中間支援組織とは、「多元的社会における共生と協働という目標に向かって、地域社会とＮＰＯの変化やニーズを把握し、人材、資金、情報などの資源提供者とＮＰＯの仲立ちをしたり、また、広義の意味では各種サービスの需要と供給をコーディネートする組織」(8)と定義されています。同報告書はＮＰＯに対する中間支援をテーマとしていますが、ＮＰＯを「コミュニティ」と読み替えても支障はないでしょう。

この定義では、まずは、社会の多元性や多様性が前提とされることに気づかされます。だからこそ、さまざまな主体が支え合えるような、共生、協働という社会原理を打ち立てようという意思や理念をしっかりと抱き、そうした想いに忠実であることが中間支援組織に求められると読み込んでみたいところです。こう解釈すると、かなり踏み込んだ定義ぶりだと考えられます。支援対象が事業で独り立ちすることはもちろん大事ですが、結果として共生や協働という果実を社会全体でより豊かに実らせられるかが問われているからです。

したがって、中間支援組織は、媒介役ではあっても、ヒト・モノ・カネ・情報について支援者と受援者を機械的かつ一時的につなぐだけの単なる中継業者ではありませんし、伴走役ではあっても、受援者のもっぱら経済的成功のみを説く指南役でありさえすればいいわけでもないのです。

■中間支援と地域運営組織

地域づくりを語る最近の文脈でいえば、中間支援組織の役割は、地域運営組織（ＲＭＯ）の形成をめぐって論じられることが多いようです。例えば、地域運営組織に関する一連の総務省研究会報告書をたどっていくと、当初は事例のなかでわずかに言及されるに過ぎなかったのが、次第に外部専門家とともにその役割に重要な位置づけがなされていく変遷をうかがえます。

内閣府地域の課題解決のための地域運営組織に関する有識者会議報告書『地域の課題解決を目指す地域運営組織　最終報告』（平成28年12月13日）でも同様です。「地域運営組織の取組を推進する上での課題と解決方向」として、「行政の役割、中間支援組織や多様な組織との連携」が「法人化の推進」や「人材の育成・確保」「資金の確保」等とならんで項目立てられています。

さらに、総務省地域力創造グループ地域振興室『平成30年度地域運営組織の形成及び持続的な運営に関する調査研究事業』（平成31年3月）では、中間支援機能の活用に関する議論が随所に散りばめられていますが、なかでも末尾の「その他の議論」に中間支援機能に関する論点が掲げられています。そこには、小規模自治体では中間支援組織がないため、行政がその機能を担っており、中間支援組織ではなく中間支援機能という表現が適切だという意見とともに、「さらに、重要なのは中間支援組織ではなく中間支援機能の強化であるという意見があり、それに関連して、中間支援機能とは、地域と行政というステークホルダーに対する専門的・技術的なコミットメントであるという議論があった」とする意見が紹介されています。

■中間支援に求められるマルチスケールな性格

一般に中間支援組織に期待される媒介機能や伴走機能は、これまで行政が果たす機会が多かったのは確かでしょう。現に一定程度こなされているといえます。とはいえ、行政の減量化が進められてきたなかで、小規模自治体にとってはこれといった中間支援組織が見当たらないのみならず、自らその機能を果たす余裕もますます乏しくなっています。今後さらに地域からの期待が高まるならば、別組織にアウトソーシングしてしまおうという行政効率化＝ダウンサイジング的な発想に立つ中間支援組織必要論は十分ありうる議論でしょう。

他方で、中間支援機能の具体化を積極的に要請すべきだという立論もまた可能です。公平性を重視し、縦割り型の対応を取らざるを得ない行政では、地域差や自治・活動の熟度の異なる地域ごとにふさわしい対応を取るのは不得手とするところです。そもそも行政が十分なかたちで中間支援機能を果たすには限界があるという点から議論を出発すれば、むしろ積極論を立論することになります。共生や協働の実現というミッションをより柔軟に果たし、地域づくりに関する一定の専門性・技術性をもって地域のみならず行政とも向き合っていく主体が望ましいからです。

その場合、中間支援組織は、行政とは相互補完しながら、ときにはやむなく緊張関係に立つ場合もありうるでしょう。単なる行政の下請けではない、自律的な主体でなければ中間支援組織はミッションを全うできないはずだからです。だからこそ、その自律的な存立基盤は、マルチスケールに形成・確保される必要があるといえます。

■「隙間」を埋めるだけでは不十分

個人や組織が「つながり」を持とうとしても思うようにいかなかったり、いったん「つながり」を形成したとしてもそれを維持することが難しかったりすることはよくあることです。あったはずの、あるいはあるべきはずの「つながり」が劣化し、消失してしまえば、隙間が空きます。社会の縮減にともなってポツポツとスポンジのように穴が生じることを「社会の隙間」問題と呼ぶならば、今日では「社会の隙間」問題こそが地域社会の主たる困りごとといってよいでしょう。例えば、若い世代が少ないので地域の行事に支障が出ているといった人手不足問題、後継者がいない継業問題などは人と人との間に生じた「隙間」です。店舗が撤退してシャッター街になったため買物に困っているといった買い物困難問題、管理が行き届かず防犯・防災上不安視される空き家問題などは、空間に生じた「隙間」だといえるでしょう。また、バス路線が撤退したため通院・買い物に困っているといった地域交通問題は、ネットワーク上の接続を断絶させる「隙間」です。これらは表現形態こそ違いますが、人間関係や空間、ネットワークといったつながりがあってこそ機能してきたものが、「隙間」が生じたがゆえにもたらされる問題だといえるのです。

コミュニティ自治に関しても当てはまります。例えば、総務省による地域運営組織に関する調査によると(9)、地域運営組織が継続的に活動していくうえでの課題としては、「活動の担い手となる人材の不足」

（81・5％）が全体の8割を超えて最も多く、「リーダーとなる人材の不足」（58・0％）、「事務局運営を担う人材の不足」（51・8％）など人材不足に関する事項が続きます。「活動資金の不足」（47・8％）は半数程度であり、思ったほどでもないと感じられないでしょうか。他のマネジメント資源関係の不足を課題とする回答などと比べても、人材不足関係は凌駕しています。「人」が「つながり」を維持できない、地域コミュニティをめぐる「社会の隙間」問題の切実さがうかがえます。

この総務省調査では、「行政からの支援を期待するもの」と「専門家からの支援を期待するもの」とを尋ねています。クロス集計を確認すると、例えば、「活動資金の不足」については前者（60・8％）が後者（10・7％）に比べてはっきりと高いです。これに対して、「活動の担い手となる人材の不足」はそれぞれ27・4％、39・9％、「リーダーとなる人材の不足」では18・8％、29・8％と専門家にやや期待が多く寄せられており、逆に、「事務局運営を担う人材の不足」では27・6％、21・6％と行政への期待が多少大きいようです。いずれにしても「活動資金の不足」で行政の支援を期待するほどには、行政にも専門家にも期待していないように読み取れなくもありません。

もちろん、行政や専門家が地域人財不足解消に役立たないといいたいわけではありません。いずれも有用な支援元であるはずです。実際、これまでも多くの専門家がコーディネーターなどとして地域に投入されてきましたし、地域担当職員制度を多くの自治体が活用してきたことはすでに見てきたとおりです。これらによって、十分とはいえなくても、地域人財不足という「社会の隙間」はそれなりに埋められてきたはずでしょう。

しかしながら、期待度はやや低く、実感としても物足りないのは、端的にいえば、行政都合のマネジメント・サイクルに即した支援策にとどまることが多いのも一因でしょう。イベントなどでの助力、講演・ワークショップなどを通じた助言などは確かに役立ちます。しかし、地域が取組みを進めるなかで味わう労苦や悩みに寄り添い、目標達成を見届けるまでのプロセスを、地域のペースで伴走支援できているわけではないのです。「社会の隙間」問題に対しては、単に隙間を埋める一時的な「解決」策ばかりではなく、隙間が生じ広がったり、それが地域に影響をもたらしたりする動態にともに付き合う「姿勢」が問われるのだといえます。行政とは別途に、中間支援組織が求められるゆえんです。

■求められる「つながり」の再構築

他方で、コミュニティ側から考えるとどうでしょうか。中間支援さえ用意されればいいわけではないでしょう。

自治体のダウンスケーリング戦略で近年エネルギーが注がれてきたことといえば、協議会型住民自治組織の立ち上げです。多くが学校区単位で、そのエリア内の町内会・自治会などの地縁組織をはじめ、さまざまな地域団体を糾合したタイプのものが主流で、地域におけるプラットフォームとして位置づけられることはこれまでにも述べてきたとおりです。例えば、日本都市センターの調査では[10]、協議会型住民自治組織の設立目的には、「身近な生活課題を地域住民自らが解決する活動を活発にするため」（80・2％）に次いで、「地縁型住民自治組織の活動を補完し、地域の活性化を図るため」（57・2％）が挙げられています。

最近では、頻発する災害に対して地域の自主防災の観点からも、また、子どもや高齢者の見守り、多世代交流などの観点からも、地縁組織の持つ互助機能が再評価されてきました。とはいえ、先に述べた「社会の隙間」問題ゆえにこれら組織の弱体化が進んできたからこそ、多くの場合行政主導で、共助機能を発揮する地域のプラットフォームづくりが進められてきたのです。

では、多様な活動主体が柔軟に地域のプラットフォームを舞台に活動を展開できているかと問われれば、理想どおりにはいっていないのが実態でしょう。例えば、これら協議会が、さまざまな主体をオープンに迎えるプラットフォームというよりも、往々にして一つの確固とした組織体制として凝り固まりがちなことが指摘されます。とりわけ、町内会・自治会（の連合会組織）の拡大版として運営されてしまう場合です。しかも、こうした実態から、「地域一丸」の組織運営が協議会型住民自治組織の成功モデルかのように捉えられてしまうこともままあるようです。おそらくその方が当面は好都合だからでもあるでしょうが、易きにつけばそれなりの代償を払う必要があります。運用のなかで、協議会型住民自治組織も他のコミュニティ組織と同様、「社会の隙間」問題を免れなくなるからです。そうなると、地縁団体などコミュニティ組織を支援するどころか、自らの組織自体が支援を求める側に回らざるを得ず、結局その対応に行政が追われかねなくなります。

では、協議会型住民自治組織が地縁団体等に対して適切な支援機能を発揮するにはどうしたらよいのでしょうか。まず、「さあ！伴走」型人財は、既存の組織のなかで埋もれていたり、「若者」「女性」だとして出番を与えられていなかったりするだけで、地域には必ずいるはずだという前提に立つことを出発点に考えるべきです。こうした人財が自らの思いを遂げられる場へと協議会型住民自治組織などの地域のプラットフォームを組み替えられれば、従来の組織の壁を超えた「つながり」をつくりだせるはずだからです。

そして、時間もエネルギーも要する忍耐の必要な取組みであるこの局面にこそ、協議会型住民自治組織に対する中間支援をまず送り届けてみるのは戦略的に意義のあることです。その場合、行政そのものではなく、地域に寄り添えるような、そしてエリアを超えたしっかりとした組織基盤と専門性を備えたマルチスケールに活躍する中間支援組織であることが望ましいでしょう。そして、こうした中間支援組織が、「さあ！伴走」型人財の候補者をコミュニティのなかから発掘して無理のない出番を提供し、あわよくばスタッフとして取り込むことで、中間支援という異なる次元から「若者」「女性」を地域につなぐ、といった地域人財循環の仕組みを組み上げられればなおさら望ましいと考えられます。

■「我が事」「丸ごと」による地域人財循環づくり

今日、少子高齢化・人口減少時代の地域づくりを考えるうえで、地域共生社会の実現は欠かせない視点として語られます。この点は、地域人財を循環させるための「つながり」の再構築を考えるうえでも鍵となる理念です。「つながりのある地域をつくる取組は、自分の暮らす地域をより良くしたいという地域住民の主体性に基づいて、『他人事』ではなく『我が事』として行われてこそ、参加する人の暮らしの豊かさを高めることができ、持続していく。また、社会保障などの分野の枠を超えて地域全体が連帯し、地域のさまざまな資源を活かしながら取り組むことで、人々の暮らしにも地域社会にも豊かさを生み出す。これが、『我が事』・『丸ごと』の地域づくりを育む仕組みへと転換していく改革が必要な背景である」(11)とされます。地域ガバナンスを、守旧的な硬直化した組織運営から、多様な主体による「我が事」「丸ごと」のプラットフォームに変容させる触媒として、中間支援機能を適切に位置づけていくことが、自治体のダウンスケーリング戦略には不可欠なのです。

3 地域づくりで問われる「チーム我がまち」

■サラホカ本位の「チーム我がまち」

コロナ禍を経てみると遠い過去のように思われますが、ラグビーW杯で日本代表が大活躍をした2019年。その活躍ぶりに刺激を受けたのか、月刊『ガバナンス』2020年1月号（ぎょうせい）で日本代表の「ONE TEAM」に着想を得た「チーム我がまち」の特集が組まれ、筆者も執筆者の一人にとお声がけをいただきました。「ONE TEAM」から連想されるのは、競技フィールドを勝負の場として、メンバーの一人一人が勝利という合致した目標を目指し、一丸となってプレーする姿です。

では、地域づくりで問われる「チーム我がまち」についてはどうでしょうか。着想源との比較でいうと、スポーツならではの真摯さやひたむきさ、清々しさはできれば共有したいところです。しかし、煮えたぎる情熱とか、見た目のままの泥臭さまで要求するとなるとどうでしょうか。地域づくりの担い手不足が叫ばれるなか、かえって重荷に感じ敬遠されてしまうこと請け合いです。スポーツ愛好家であっても、ガッツリとスクラムを組む汗臭さを誰もが好むわけではないでしょう。「観客」として観戦している分にはよくても、「プレーヤー」になろうとまでは思わない人も多いでしょう。むしろ、現代人の気質からすれば、適当な距離感と共感のバランスをとった、「サラッとしホカホカな人間関係」⑿をベースに考えた方が間違いはなさそうです。これをサラホカと呼ぶことにします。

地域づくりの現場でのサラホカを考えてみると、実は「チーム我がまち」とは言い得て妙です。これからの地域づくりで考慮すべき論点が凝縮されているからです。まずは、「チーム我がまち」の出番が要請される「まち」＝コミュニティが置かれている文脈を的確に見極める必要があります。また、「我がまち」と言い切る以上、地域づくりを「自分事」「我が事」として捉える当事者性や主体性が問われること必須です。さらには、「自分事」「我が事」を「我々事」として受け止めていくための「チーム」組織のあり方に関する洞察を抜きにはすませられません。

■「制度の狭間」と「社会の隙間」

「チーム我がまち」が向き合うことを期待される「まち」＝地域社会の現況を、ここでは「制度の狭間」と「社会の隙間」という二つの問題状況から解き明かしてみましょう。

「制度の狭間」とは、いうまでもなく法令等の諸制度や既存の行政分野の対象からはずれてしまうことで、本来ならば対処されるべき問題状況が未対応なまま放置されてしまう状態を意味します。イノベーティブな取組みに挑もうとする起業家向けに支援策を講じられるような政策スキームが準備されていなかったり、ケアを受けていて当然なはずの社会的弱者が取り残されてしまったりするのも、「制度の狭間」問題に直面してのことです。行政のみならず社会は往々にして縦割りに編成されていることから、縦割り方向に亀裂が生じがちなのです。究極的には、切れ目ない包括的な制度運用を可能とする政策を実現させない限りは、「制度の狭間」問題は残り続けます。これは地域というよりも、国政に関わる次元で解決されるべき場合が多いかもしれません。逆にいえば、こうした根本的な問題解消には時間もコストもかかります。

問題が深刻な場合や緊急性が高い場合、応急的な代替策で何らかの一時的な対応策を講じて乗り切ることも考えなければならないでしょう。こうした取組みのなかには、コミュニティ次元での方がよりきめ細かに対応できるでしょう。

そして、こうした「制度の狭間」とは論理的には区別して、とりわけ人口減少時代に顕著となる社会の縮減にともなって生じがちなのが、すでに述べた「社会の隙間」問題です。

■課題解決型と共鳴共感型

容易に想像されるように、「制度の狭間」と「社会の隙間」がオーバーラップすれば、問題状況は複合化し、ますます厄介になります。だからこそ粘り強く問題状況にアプローチする必要があるのです。「チーム我がまち」がとりうるのは大別して次の二通りのアプローチでしょう。

一つは課題解決型アプローチです。「社会の隙間」は「制度の狭間」問題をより深刻にするのだから、「隙間」とはまさに解決されるべき「課題」だと捉えられます。例えば、人手不足ならばその穴を充足すべきであり、空き家は新規入居者を探して解消されるべき対象であって、「隙間」を埋めることが解決策＝目標となります。目標達成に向けて、客観的かつ科学的な基準を満たす適切な手段を選択し、効率的・効果的に解決しようという考え方が、課題解決型アプローチの基本です。

そして、いま一つは、共鳴共感型アプローチです。この発想では「隙間」は「課題」というよりも「ニッチ」であり、「チャンス」でさえありうるという考え方に立ちます。創造性や快適さ、精神的豊かさを大切な価値基準とし、さまざまな主体による連携・交流を形成し促すなかで、信頼と納得の関係を深め、共感を醸成することを重視するアプローチです。

いうまでもなく、いずれかのアプローチが正解ということではありません。地域の実情や直面する問題状況、またアプローチする際のタイミングや条件の違いなどによって選択されるべきアプローチは異なるでしょう。

例えば、都市部であれば人口増加策として駅近でのタワーマンション建設や大規模な新興住宅地造成を進めるなど遊休空間を活用した課題解決型の「千客万来」方式で対応してもよいかもしれません。これに対して、中山間地の小集落であれば、移住策の考え方も異なるはずです。移住者が殺到し、都市部と同じように千客万来の対応をすれば、既存のコミュニティが壊れてしまうかもしれず、人口増に結びついたからといって必ずしも望ましい対応とはいえないかもしれないのです。本当に一緒に地域を支える仲間になりうるか、かなり慎重に見極めをつけてからでなければ外来者を迎え入れないけれども、一旦受け入れると決めたら手厚くもてなす、共鳴共感型の「選別歓待」方式が望ましいでしょう。

現実には、両者を組み合わせたアプローチが求められる場合が多いでしょう。例えば、近年では、都市部のタワーマンションを含む集合住宅建設などでも、課題解決型一本槍の発想ではなく、近隣との良好な関係構築を含めたコミュニティづくりを重視するなど、共鳴共感型アプローチを加味させるようになってきました。がっぷりスクラムを組んでグイグイと力強く課題解決を図るのか、華麗なパス回しのごとく共鳴共感を呼び起こして問題状況を解きほぐしていくのか。二者択一というよりは臨機応変に両パターンを組み合わせなければ勝利が望めないのは、ラグビー同様でしょう。

■これからの時代のロビンソン・クルーソーたち

課題解決型アプローチであれ、共鳴共感型アプローチであれ、いずれにしても問題状況を「自分事」と捉え、メンバーの一人一人が当事者として、主体的に関わる気概がなければ「チーム我がまち」は瓦解してしまいます。しかし、個が強すぎ「我を張る」レベルになればチームは成り立ちません。

近代市民社会の人間像としてしばしば取り上げられる、ロビンソン・クルーソーの物語を例に考えてみましょう。「経済学はロビンソンを愛好する」というマルクス『資本論』のことば通り、ロビンソン・クルーソーは合理的な精神と思考を持つ「経済人」のモデルになぞらえられてきました。もっとも、家を飛び出し船乗りになるなど自暴自棄なところや、せっかく成功した農園を放置して再び冒険に乗り出す向こう見ずな性格からすると、合理的な経済人には到底思えませんが、しかし、絶海の孤島で希望を捨てなかったサバイバル人生に着目すれば経済学者の見立てどおりかもしれません。ともあれ、ここでは近代市民社会におけるロビンソンを合理的経済人と考えましょう。

ロビンソンは望んで船乗りになりましたが、絶海の孤島での暮らしを望んでいたわけではありません。むしろ逆です。原住民のフライデーや船員反乱から救い出した船長を仲間に加え、チームを結成できたからこそのちに孤島から脱出し帰国できたので、そのチームにあってロビンソンは確固たるボスです。ロビンソンの話を知らなければ、浦島太郎と犬・猿・雉の昔話に置き換えてもよいでしょう。要は、上下主従の関係にあるということです。もちろん、立身出世によって組織のトップに躍り出る可能性はゼロではないが、そのためには激しい競争（受験、出世など）がつきもので、ギスギスした人間関係になりがちです。

せいぜいのところ相互干渉しない無関心主義を、共存共栄という口当たりのよいことばで装うのがスマートな立ち居振る舞いなのでしょう。

これに対して、これからの時代のロビンソン・クルーソー（たち）は異なる人物像として描き直される必要がありそうです。「我がまち」に集う面々は、その土地の出身者であれ移住者であれ、そこから脱出することが希望なわけではありません。自らの思いを実現できる場として選んだ地域だからこそ「我がまち」に誇りや愛着を持つメンタリティを共通項とする存在です。

もちろん、一人一人は自治体や事業所、地域コミュニティのメンバーでもあり、そこで期待されるのは固定化された役割分担をこなすことかもしれません。しかし、「チーム我がまち」の一員としては、自らの技量や資質、そして登場場面に応じて役割回転（rolling role）することになります。例えば、得意なデザイナーの才能を活かしてイベント広報のアイデアを提案し、自ら手がけることもあれば、職務を通じて知り合った地域づくり実践者をパネリストに招いたり、趣味のネットワークを活用して参加者に誘いをかけたりすることもあるでしょう。ときにはリーダー的な役割を果たすこともあれば、フォロワーに徹することもあります。プレーヤーに疲れれば、観客として他の人たちの活動に興味を示すこともあり得ます。近代合理主義精神の延長上にある公務員や企業社員であろうが構わないですし、若者であろうが高齢者であろうが、地元民であろうがよそ者であろうがです。要は、ギラギラのリーダー争いよりは、日替わりのヒーロー登場が「チーム我がまち」には重要なのです。

「チーム我がまち」をあえて一つの組織として捉えれば、多様性を強みとし、フラットで役割回転を特徴とする組織といってよいでしょう。むしろ、フリーランスの溶融集団と捉えた方が正確かもしれません。

実際、地域づくりの主翼は本来的な意味での職業的フリーランスはもちろん、組織内フリーランスとも呼べる自在な活動をする人たち、すなわち、デジタル社会のロビンソン・クルーソーたちに着実に移行しつつあるのではないでしょうか⒀。コロナ禍ではさらにこの傾向が加速化しているように思われます。少なくとも、筆者の見るところ、地域づくりの〝成功例〟に共通してうかがわれる現象ではあります。

■創発可能性地域への「チーム我がまち」

「制度の狭間」を架橋し「社会の隙間」を軽々と跳躍してしまえばいいわけで、消滅可能性都市だなどと意気消沈する必要はありません。むしろ創発可能性地域の希望を語ることのできるようなフォーメーションをいかに組むことができるかが地域づくりの要諦です。サラホカな「チーム我がまち」の「かたち」に照らし合わせることで、（旧来型）リーダーづくり偏重、役割固定化、多様性忘却といった誤った方向性に地域人財づくりが陥っていないかをあらためてチェックすべきなのです。

COLUMN

多摩市若者会議と中間支援

■多摩市若者会議から合同会社MichiLab（みちらぼ）の設立へ

近年、自治体が若者政策を積極的に推進する動きが活発です[14]。多摩市若者会議もその一つです。

多摩市のホームページによりますと、若い世代・子育て世代が「多摩市に住んでみたい・訪れてみたい」と思えるような魅力を創出・発信していくことを目的としたもので、主に39歳以下の若者が一堂に会する場をつくる、参加メンバー同士の対話を通して、多様な知恵を融合させ、これまでにないアイデアを生み出す、アイデア出しだけで終わりではなく、提案者である若者が自らプロジェクトを企画・立案し、実践する、という事業スキームで、2017年に発足しました。

2019年までの3年間の活動では、延べ735名が参加し、平均年齢27・8歳と本当に（！）若者主体で、近隣には筆者が務める大学ほか多数の大学が立地していることもあり、学生4割、会社員・自営業4割、公務員その他2割という構成だったそうです。参加者の満足度88％というのも高率ですが、継続参加意向が8割を超えていた点にもうかがえます。阿部裕行多摩市長肝いりのプロジェクトでトップの意向が明確であったこ

2020年7月20日に行われた、若者会議フィールドワークの様子。多摩ニュータウン内街歩きで商店主にお話を伺う

と、しっかりとした市職員によるサポートがあったこと、加えて、林田暢明さん（総務省地域資源・事業化支援アドバイザー）から実践的なサポートを得たことが功を奏したといえそうです。

多摩市若者会議の素晴らしさは、イベント的な盛り上がりにとどまらず、その後、メンバーによる合同会社MichiLab（代表：高野義裕）の設立（2020年）につなげて自走段階に速やかに移行したことです。2020年度からはMichiLabが運営主体となって多摩市若者会議は開催されています。カフェ&まちづくり交流拠点MichiCafeの運営をはじめ、民間大手事業者とのコラボによるさまざまなイベント業務を手がけていますが、なかでも全長約41キロメートルある日本最長の多摩ニュータウンエリアの遊歩道を、メンバーが協力してGoogleストリートビューで撮影するというユニークな取組みは、まさしく若者ならではでしょう。

■中間支援組織としてのMichiLab

ところでこのコラムでMichiLabを取り上げたのは、第2章のコラムで取り上げた多摩市「（仮称）地域委員会構想」を進めていくなかでモデルエリアに指定された2箇所のうち、ニュータウン地区の諏訪中学校区（馬引沢・諏訪コミュニティエリア）の中間支援組織としての役割をMichiLabが担っているからです。地区内をまち歩きし対話するフィールドワークや、地域のステーク

街歩き後、拠点となるMichiCafeで街歩きの振り返り

ホルダーとのエリアミーティングなどを手がけており（図表４－１参照）、若者世代を中心とした幅広い世代の参加・交流を広げることでコミュニティづくりの中間支援をしています。

なお、自治体の取組みでよくあることですが、参加を求めておいて年限が来たらほっぽりぱなし、自走を奨めながらいざというときソッポを向きがちだったりすることがあります。多摩市のように、自走までの道筋をつけるとともに、アフターケアとしての活躍の場＝出番をしっかりと用意する配慮は欠かせません。

図表４－１　多摩市「（仮称）地域委員会構想」とMichiLabによる中間支援（2020年度）

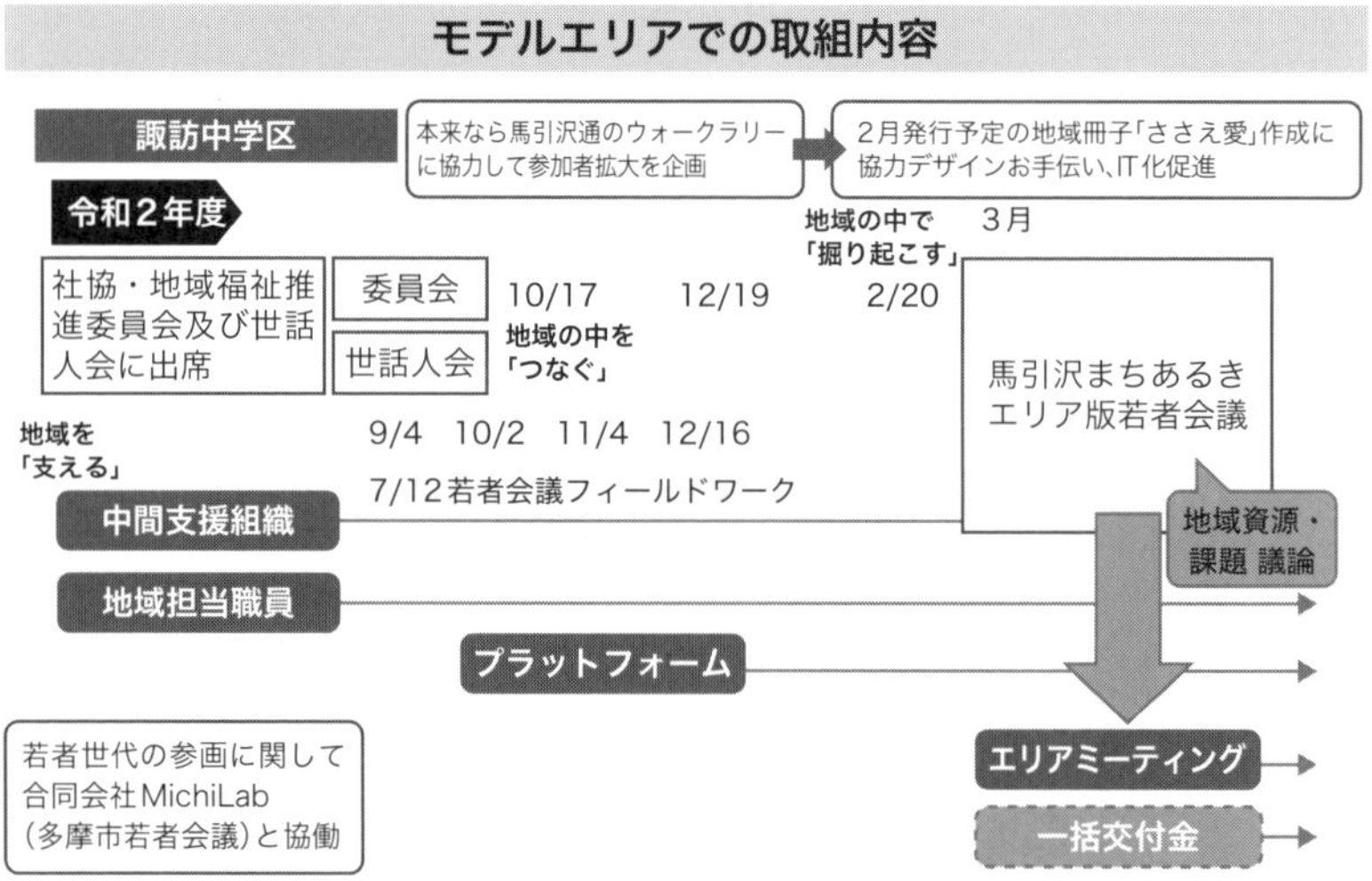

（出典）多摩市自治推進委員会資料。なお、図表中、コロナ禍により延期・未実施の取組みも含む。

〈注〉

(1) 日高昭夫『基礎的自治体と町内会自治会』春風社、2018年、158頁。
(2) 前掲書162頁。
(3) 前掲書92頁。
(4) 伊賀市・名張市・朝来市・雲南市『小規模多機能自治組織の法人格取得方策に関する共同研究報告書』平成26年2月、9頁。
(5) 拙稿「都市内分権と合併旧市町村」月刊『ガバナンス』2015年12月号、ぎょうせい、28～29頁。
(6) 前田健太郎『女性のいない民主主義』岩波新書、2019年。
(7) きらりよしじまネットワーク「きらりよしじまストーリー」http://www.e-yoshijima.org/story/を参照。また、同サイトに掲載されている、きらりよしじま監修山形県企画振興部「地域運営組織形成のための手順書」(2017年3月) http://www.e-yoshijima.org/archives/001/201802/rocedures-kirari_youshijima.pdfは、地域運営組織づくり・運営マニュアルとして非常に有用です。なお、同事務局長の高橋由和さんには詳細なお話を伺う機会をいただけましたことに感謝申し上げます。
(8) 内閣府『中間支援組織の現状と課題に関する調査』2002年。
(9) 総務省地域力創造グループ地域振興室『地域運営組織の形成及び持続的な運営に関する調査研究事業報告書』平成30年3月、27頁。
(10) 公益財団法人 日本都市センター『地域コミュニティと行政の新しい関係づくり』2014年3月、230頁。
(11) 厚生労働省『「地域共生社会」の実現に向けて(当面の改革工程)』(平成29年2月7日)。

⑿　大森彌・大杉覚『これからの地方自治の教科書』第一法規、2019年、第6章参照。

⒀　以上の点は、パネル・ディスカッション（地域実践塾·in 朝来、2019年12月7日、朝来市役所にて）での、一級建築士・僧侶である松本智翔さんの発言に着想を得たことを感謝申し上げます。

⒁　若者政策に関しては、筆者も調査研究に関わって取りまとめられた、一般財団法人 地方自治研究機構『若者の知恵と活力を活かしたまちづくりに関する調査研究』（平成30年3月）参照。

第5章

過去・現在・未来を
つなぐ地域カルテ

1 地域カルテとは

■情報共有こそがプラットフォーム

地域づくりにはヨソ者・若者・馬鹿者が欠かせないといわれます。移住・定住策や関係人口づくりが推進される現在、阿吽の呼吸で意思疎通できる（と少なくとも思い込んできた）閉ざされたコミュニティのやり方ではもはや通用しません。多様な考えを持つ、さまざまな立場の人々が、空間的・時間的なズレをともないながら地域づくりに入れ替わり立ち替わり関わるのがいまや前提なのです。そのとき、まさしく「チーム我がまち」を共通のプラットフォームとして成り立たせるのは、突き詰めれば情報共有そのものです。「そんなことはいうまでもなく当たり前だ」をきちんと言語化する、暗黙知を形式知化する、そして自らの未知・無知に気づく、といった地域情報の「見える化」の出来不出来が、今後の地域づくりの成否に直結するといって過言ではありません。第32次地制調答申で、「地域の未来予測」という表現で、地域カルテなど情報共有の仕組みづくりが提言されたのは、もっともなことだといえるでしょう。

■地域カルテとその４タイプ

地域特性を示すデータをまとめて記録し情報共有を図る取組みは、地域カルテとして知られ、全国各地で実践例が積み重ねられています。筆者は各地のコミュニティを訪れるときには地域カルテの有無を必ず尋ねることにしています。これはと目をみはる取組みをしている地域では必ずといってよいほど、地域カルテないしはそれ相当のものをしっかりと作成し活用していることがわかります。

一口に地域カルテといってもいろいろなタイプがあります。誰が作成主体かについていえば、地域住民主導であるか行政主導であるか（あるいは両者による協働か）、扱われる内容・テーマでは分野横断型なのかテーマ特化型なのか、対象とする地域単位はどの範囲であるか、などで分類することができます。

どのような目的をカルテ作成のねらいとするかによって地域カルテのスタイルもさまざまです。もともとカルテは医師の診療記録を指して使われてきましたので、その喩えで分類してみましょう。

第1に、「身体計測」型です。身長や体重を計測して身体の発達状況を調べるように、地域の人口（男女別、年齢層別など）、世帯数やそれらの推移・将来推計、地域の歴史、地形など、客観的な情報を取りまとめて、地域の現況を示したものです。地域カルテのなかでは広く普及し、基本型といえます。

第2に、「健康診査」型です。血液検査やレントゲン撮影など検査・診断・分析することで健康状態をきめ細かにチェックするように、地域の問題状況や特定の問題関心に関わるデータを取りまとめたものです。例えば、豊田市（愛知県）では「身体計測」型の「地域情報カルテ」とともに、「健康診査」型の「自治力見える化カルテ」を作成していました。後者は、アンケート調査に基づいた、住民参加型のまちづくりの進捗状況や地域会議（地域ごとに設けられた住民参加の会議）での意見集約機能の状況、地域への誇りと愛着度を示す指標などのほか、健康、福祉、観光・産業など10分野について自主グループ・団体数や活動例を記載することで、地域での分野別取組み状況が一目でわかるようにしたものです。なお、2019年版からは、「地域情報カルテ」と「自治力見える化カルテ」とは発展的に統合化されています。

第3に、「診断治療」型です。医師の診断記録と同様に、地域の課題や困りごとは何か、それがどのように対処され、現状はどうかを記録するものです。例えば、明石市（兵庫県）では、市長懇談会などで出された地域からの要望や課題を学校区単位の地域カルテにまとめ、市役所の担当部署や受け付けた課題内容に対する市の対応状況を時間の経過とともに記録して、プロセスの見える化を図っているのが特徴です。

海老名市（神奈川県）の「地域づくりファイル」は、「診断治療」型の特徴を備えたものです。「地域づくりファイル」では、市の地域づくり課職員が各自治会に出向いて開催した自治会懇談会から生の声＝課題・懸案・要望を拾い上げ、自治会に関する基礎情報（人口、加入率等）とともに台帳として整理しています。こうして整理された情報は、各種計画・施策・事業に反映させるとともに、毎年、進捗状況が管理されるなど、どちらかというと行政による活用に重きが置かれているようです。

最後に、「ケア・プラン」型です。このタイプは地域計画（あるいは地区別計画など）と一般に呼ばれます。地域の課題や困りごとはもちろん、地域のプラス面（自慢できたり愛着がある点など）を活かす取組みも含めて、将来のビジョンや目標、具体的活動やそれに当てる費用などを含めた行動計画（アクション・プラン）として取りまとめられるタイプのものです。

例えば、滝沢市（岩手県）では、「幸福感を育む環境づくり」を掲げる総合計画基本構想を踏まえ、単位自治会を基本に単独または複数の組み合わせで地域別計画が策定されています。このように「ケア・プラン」型では、自治体の総合計画と連動して位置づけられることもあります。

2 地域カルテとEBPMマインド

■地域にEBPMマインドをビルトインする

以上、地域カルテの4類型を示しましたが、実際にはいくつかのタイプが融合・統合されてできていることが多いです。また、いずれのタイプが優れているということではなく、どのタイプを選ぶべきかは活用目的次第で一概にはいえません。むしろ、いかなる目的で作成するのか、そのためにいかなる情報を集めるべきかをしっかりと検討すること自体が、地域づくりの一環だと意識されるべきでしょう。

近年、ようやく日本でも「証拠に基づく政策立案EBPM（evidence-based policy making）」という考え方が普及してきました。EBPMとは、エピソード（勘や経験）にのみ頼るのではなく、データ（量的なものだけでなく、質的なものを含めます）を活用し、科学的・客観的な手法・基準に照らすなど、根拠本位の大切さを重視する取組みです。例えば、まち・ひと・しごと創生法では「人口の現状及び将来の見通しを踏まえ」（同法第8条第3項）た人口ビジョンの策定を総合戦略策定の要件としてきましたが、これも同様な発想です。また、データをビジュアルで容易に示せるRESAS（地域経済分析システム）(1)が提供されたり、国・自治体を通じてオープンデータの整備・活用が広がりを見せてきたりしたのも、EBPMマインドの高まりのあらわれでしょう。

「田園回帰1％戦略」の提唱者である藤山浩は、データ分析に基づく地域診断が不足していると指摘し、地区ごとのデータ分析を基礎に地域政策の形成と評価、そして学びの促進を図るべきだと主張します(2)。筆者もまったく同感です。ITが飛躍的に進化した今日、地域カルテを地域で、そして地域間比較が可能なかたちで、有効活用する条件は整ってきました。

むしろ、地域カルテを巧みに用いれば、EBPMマインドは国や自治体よりもよほどスムーズにコミュニティのマルチスケールなレベルで浸透・定着するはずです。実際、身近な地域のデータを手に取り、近隣地域と比べながら、コミュニティの将来や課題などをワークショップなどで議論しますと、大変盛り上がります。コミュニティを起点に地域づくりが進められるわけですから、EBPMマインドを醸成するためのエネルギーがコミュニティのレベルにもっと注ぎ込まれてもよいはずなのです。

■EBPMマインドが促す連携と対話

EBPMマインドは、国や自治体レベル同様、コミュニティでも重要な意味を持ちますが、ただし、もっともらしい高度な統計分析の結果をもって「論より証拠」と論断するような態度とは違います。コミュニティに潜みがちな暗黙知や未知、場合によっては無知を炙り出して顕在化し、形式知化することで情報共有しやすくし、地域の多様な主体をつなぎ、あえて「論」＝対話を促す態度であるべきでしょう。

そこで、地域課題としてしばしば取り上げられる「買い物弱者」問題を例に考えてみましょう。

「買い物弱者」対策としては、例えば、スーパーなど事業者による宅配サービス、地域ぐるみの買い物ツアーや移動販売、地域運営組織などによる店舗の自主経営など、地域性に応じてさまざまな工夫が重ねられてきました。「買い物」ニーズに対する課題解決策としてのメニューはほぼ取り揃えられたといってよいかもしれません。だからといって、持続可能な形態でサービス展開できることまで保証されているわけではなく、各地での苦労は周知のとおりです。

そうしたなかで、川崎市宮前区市営高山団地集会所で毎週土曜日に開かれる出張販売所「高山土曜ストア」の取組みは注目されます。同団地は同区高齢化率約2割に比べると格段に高い5割超と高齢居住者が多く、徒歩6分の距離にある近隣スーパーまでは急坂が続くなど、大都市郊外型「買い物弱者」問題が典型的に発生した地域だといえます。もともとは株式会社東急総合研究所から区役所への提案をきっかけに、お試し販売会の試行（2018年9月）を経て、住民やボランティアの協力を得つつ、東急ストアと区役所との協定（同年12月）を踏まえて実施されはじめた取組みです。2019年3月には住民主体で運営するための「高山土曜ストアを育てる会」が発足したとのことです。

筆者がこの取組みを知ったのは、全国コンテスト「チャレンジ‼ オープンガバナンス2018」（東京大学公共政策大学院の主催）(3)でオープンガバナンス・アイデア賞を受賞したというネット報道を通じてです。注目すべきなのは、出張販売所の創設・運営にあたって、年齢別人口や生活環境の満足度に関するオープンデータ、さらに市営住宅の高齢化状況に関するデータや大規模店舗の利用圏域のカバー状況のマッピング・データ、お試し販売会のヒアリング結果のデータなど、さまざまなデータを積極的に作成・活用した点です(4)。移動販売そのものは珍しくはありませんが、データ活用で、地域住民をはじめ関係者間で事業の必要性・納得性を高めながら、事業設計を図ってきたところが肝心なのです。

大都市圏では、確かに地域人財を含めた地域リソースは農山村部に比べて量的には豊富かもしれませんが、それらの結びつきははるかに緩やかで、むしろ脆弱といった方がいいぐらいでしょう。高山土曜ストアの事例は、死蔵されがちなデータを可視化し、住民・企業・行政を巧みにつなぐ媒介項としてそれらを活かした点で大変参考になります。

■「かわかみらいふ」とデータ直視の姿勢

「買い物弱者」対策でのデータ活用ということであれば、吉野林業発祥の地、川上村（奈良県）の事例に触れないわけにはいきません。川上村のおてったいさん制度については、第3章で取り上げました。ジャーナリストの青山彰久さんは川上村を、「ひるまず、自然と歴史と風土を基盤に、地域に根ざした生業を育て、人々の生活を守り、地域の文化を磨くことが地域政策の王道」であることを教えてくれた村として紹介されており(5)、そこでは一般社団法人かわかみらいふについても触れられています。

川上村は人口約1300人、26の集落から構成されています。川上村は葉のかたちに似ていることから、吉野川水系を葉脈に、吉野川を主脈に喩えることができます。特に川上村版小さな拠点事業の対象となった東部地区は、主脈である吉野川に対して側脈にあたる支流の上流域に集落の多くが点在する地域です。筆者も移動販売を視察する折に、ある集落にご案内いただきましたが、その道のりはとても険しく、また集落間は急峻な山で隔てられた地形です。地域にスーパーはなく、高齢者の転居も増えており、集落の維持がままならない状況にあるというのも残念ながら頷ける土地柄なのです。

そうしたなか、村、村民、民間が共同で立ち上げた一般社団法人かわかみらいふ（2016年設立）は、隣町にある地元スーパー「吉野ストア」、生活協同組合「ならコープ」と連携して、「移動スーパー」と「宅配事業」を展開しています。また、継業で村内のガソリンスタンドも公設民営で運営しており、もはや生活インフラとして欠かせない存在となっています。

こうした取組みの発端となったのが庁内若手職員による自主勉強会とそこから発展したワーキンググループ「川上ｉｎｇ作戦」でした（２０１３～２０１４年）⑹。作戦策定プロセスの特徴を集約すれば、まずは村民のくらしを知るため、村民のニーズや不満を汲み取るべく生の声を聴き、議論の素材となるデータを収集し分析することにあったのです。例えば、村内事業者に対してヒアリング・アンケート調査を丹念に繰り返し、川上村らしい住宅のあり方を考えるために現地調査を行ってきました。これら作業を通じて人口カルテ、住宅カルテ、全事業所カルテ、26地区カルテをまとめ上げて、川上ｉｎｇ作戦の基礎資料としたのです。

村民の声に耳を傾け、データを収集し、そしてそれらしっかりとした根拠づけを村民に広報で周知してきたからこそ、「かわかみらいふ」を核に、村民や事業者などとの間で実質的な連携関係が形成されてきたのです。「かわかみらいふ」の役割は「買い物弱者」対策として移動販売や宅配事業を手がける単なる小売業の機能にとどまりません。宅配時や移動販売での会計のやり取りの際のさりげない会話を通じて、高齢者へ声かけや見守りをしたり、健康相談などを通じた地域福祉ともリンクしており、こうした取組み総体が暮らしの場である集落を単位とした共生社会づく

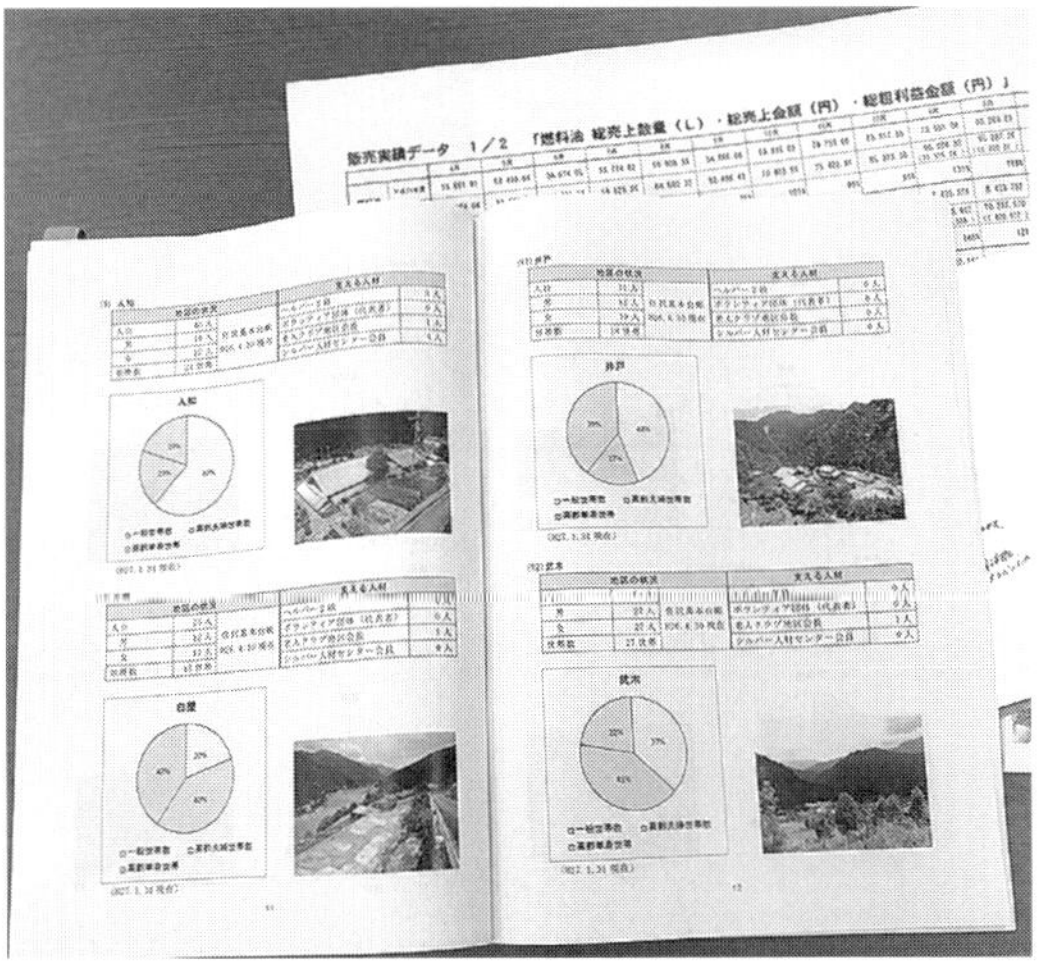

川上村で取りまとめられた地域カルテなど

りを進める基盤となって支えているのです。宅配や移動販売に従事する職員の業務日誌には、顧客である高齢者の生の声を含む地域の様子がきっちりと書き込まれており、文字どおり地域福祉のカルテとなっているのには目を見張らされました。実際それらはコミュニティ・ナースや社会福祉協議会と情報共有され、活用されているのです。生きた地域カルテなのです。移動販売にナースや歯科衛生士が同行するアイデアが生まれたのも、こうした文脈があってこその必然といっていいでしょう。

事業者など〝村外資本〟と連携・共存しながらも着実に収益や雇用を生み出し、地域内経済循環を実現させられたのは、徹底したＥＢＰＭマインドがあってのことだという点を強調したいと思います。

移動販売車での買い物風景

■ＥＢＰＭマインドに裏打ちされたダウンスケーリング戦略へ

さて、全国を見渡すと、残念ながらデータが貴重な地域リソースだという認識は依然乏しいようです。地域人財がＥＢＰＭマインドを備えることの大切さは多くの場合見過ごされています。データなどエビデンスがすべてではないとしても、人と人、自治体とスケールの異なる地域、さまざまな機能をつなぎ、賦活するうえでデータが果たす意義はもっと注目されてよいはずです。そして、コミュニティにおけるＥＢＰＭマインドの涵養とオープンガバナンスの推進は、行政がリード役を果たすべき領域でもあるはずです。

3 地域計画と合意形成

■プランニングと合意形成

ケア・プラン型の地域計画が地域カルテの発展形であるならば、プランニング（計画の策定過程）を実質的に対話と連携を進めるための合意形成の機会と捉える視点が重要となります。

筆者がこうした視点から考えるときに、拠り所の一つとしてきたのが若狭町（福井県）の一集落、大鳥羽区での計画づくりです(7)。過日、およそ12年ぶりにお話を伺い、その間の取組みの変化と連続性から、合意形成の流儀を地域で意識的に考え抜くことの大切さをあらためて実感した次第です。

若狭町は、2005年、近隣に原発立地自治体が林立するなかで、非立地自治体同士による、郡や県行政管轄を超えた、二町新設合併で誕生した町です。現在でも〝越境〟合併の影響は色濃く残っています。警察や消防の管轄も、ケーブルテレビも旧町単位で分かれており、町立図書館の民間委託では、旧町ごとにある二つの図書館の職員は管轄の異なるハローワークでそれぞれ求人されたほどです。

さて、合併自治体の御多分に洩れず、コミュニティの仕組みも旧町ごとに異なっていましたが、合併後、徐々に平準化が図られています。例えば、旧上中町には元々あった校区単位での行政連絡体制が旧三方町の地域にも同様に設けられ、全町にわたって地域づくり協議会が新設されました（2013年）。

大鳥羽区のある旧上中町の集落ではすでに広く見られていた集落計画の策定が、全町に展開されるようになったのも合併後の取組みとしてです（2011年）。その際、町は集落計画策定要領を定め、策定手順や実施計画書の書式などを提供し、説明会を開催するなど、町長肝煎りの施策として、丁寧な対応で進められてきています。2019年度からは、集落計画の推進や課題解決に向けた実行体制の一環として、地域担当職員に相当する集落連絡員が配置されました。

これら新たな仕組みが定着し実効性を持つには、粘り強い対応が求められますが、しかしただ形式や手続きを整えればよいわけではありません。モデルと目された大鳥羽区の取組みを確認しましょう。

■半世紀にわたる地域計画づくりと集落自治の起源

コミュニティによる地域計画の策定は今日では珍しくはありませんが、大鳥羽区では1969年度を初年度とする「大鳥羽五カ年振興計画」から現在第10次を数え、半世紀を迎えるほどの長期にわたる蓄積があります。歴史だけではありません。財源面での裏付けがしっかりとなされ、一般的な自治体の総合計画に比べても決して引けを取らない具体性・明細性を備えた、説得力・実行力のある計画なのです。

こうした計画に基づく集落自治の形成の端緒を紐解くと、戦後全国的に普及した新生活運動にたどり着きます。新生活運動とは、戦後の混乱期に、全国各地で青年団体や婦人団体が活動の担い手になって、因習の打破、環境衛生の改善、生活・社会の合理化・民主化によって町村再建を目指した運動です。鳩山一郎内閣の支援を得て、推進主体として財団法人新生活運動協会が設立されています（1956年）⑻。

旧上中町でも、「集落の閉鎖性や集落ぐるみ的なものの考え方が個人の自主性を阻み、生活基盤を著しく阻害している」ことへの解決策として新生活運動の導入が図られたのです。大鳥羽区は、同協会より家庭教育学級推進集落に指定され（1963年）、区民対象実態調査を踏まえて「新しい村づくり指標」（1965年）が策定されたのですが、①自治意識の開発と集落及び地域発展の計画、②話し合う場、運動する場、快適な生活環境づくり、③個人の意見尊重と集落自治の民主化と近代化、といった原則が掲げられ、「大鳥羽五カ年振興計画」の起点となったのです。以来、自前の財源を調達し、拠点となる会館の建設・改修や道普請などのハード事業実施はもちろん、集落単位での自主的＝民主的な自治の取組みを、計画づくりを通じて追求してきたのです。

■理念の継承と変化への柔軟な対応

新生活運動の理念は現在でも計画策定の体制とプロセスに色濃く反映されています。例えば、「第10次大鳥羽五カ年振興計画」策定では、振興企画委員会のもと四つの部会（区組織・区予算、区行事・伝承行事、環境・防災、福祉等）が組織され検討にあたっており、「第11次」でも多少の変更はありますが基本は同様に策定が進められました。トップの振興委員長や副委員長、部会長はおおよそ順次年代別に構成されるので累次ごとに世代が若返り、新陳代謝が図られてきた点も特徴的です。また、事務局には20代・30代の若手を入れて集落全体のことを考えてもらい、将来の幹部候補育成とする工夫がなされています。検討に先立ち住民意識調査が行われています。また、策定プロセスでは上記部会での検討だけではなく、全体会や部長会（役職者の会議）等各段階でさまざまな角度から検討が加えられます。なかでも特筆すべきなのが「自主学級グループ」の存在です。

自主学級グループとは聞き慣れませんが、大鳥羽区では夫婦を基本単位に加入する10歳刻みの年代別に編成された住民のグループのことです（例えば、35～45歳は「若鮎」、45～55歳は「朝霧」などとグループ名で呼ばれます）⑼。新生活運動の影響のもと、若手の意見を反映しやすくする、女性の参加の敷居を下げるねらいで計画策定の歴史のなかで形成されてきた仕組みです。かつてある自主学級グループの反対にあい、部会決定事項がひっくり返されたことが今日でも役職者の間で教訓とされていることは、その位置づけの重要さを象徴しているといえるでしょう。振興計画策定そのものが「大鳥羽をよくするワークショップ」であって、一見冗長ともいえる合意形成プロセスをたどりながらも、地域全体の意向を反映するとともに、当事者意識を醸成することが重視された仕掛けとなっているのです。

筆者があらためて注目したのは、新生活運動を源流とし独自の展開を見た大鳥羽区の取組みも現在「曲がり角」だと認識されている点です。大鳥羽区の仕組みは「祭りでつくられた」（松宮弘明振興委員長）とは至言ですが、例えば、自主学級グループも元来同世代が常日頃から集まって楽しむことに本義があったといわれます。ところが、高齢化・人口減少の影響で少数の若手に負担が大きくのしかかるようになると、つきあいに時間を割く余裕がなくなり、集落内での役割を〝役職〟と受け止め、楽しもうという感覚が薄れてきているというのです。いってみれば、役割分担の固定化という難題です。〝縮減社会の合意形成〟問題は、他の地域同様、大鳥羽区にとっても免れ得ない深刻な問題なのです。

これまでにも、例えば、少子化や単身者増を踏まえて、それまで子どもの世代別によるユニークな編成であった自主学級グループを、現行の仕組みに改めた実績があります。記録を遡れば、仕組みづくりをめぐり実は試行錯誤が繰り返されてきた歴史だといって過言ではありません。伝統の変革に踏み込むことができるのは、大鳥羽の集落内に「自主」の理念がしっかり根づいているからこそ、問題を正面から捉えられるからであって、対話の場が確保されているからこそ、果敢に変化を志向できるのではないでしょうか。単なるデータやウィッシュ（要望）をまとめるだけならば、多くの地域のように、地域計画は作りっぱなしに終わり、やがて省みられなくなったかもしれません。プランニングとは対話の成立基盤を繰り返し相互確認し合うプロセスなのであって、地域の絆を確かめ合う祭りと対をなす政（まつりごと）として、脈々と受け継ぐ努力が払われてきた点こそが大鳥羽区の取組みから学ぶべきことでしょう。

■逸失機会の回復が先決？

地域計画を含む地域カルテには、地域が自主的な活動の一環で独自に作成する地域住民主導タイプがある一方で、行政施策として当該自治体全域にわたって地域カルテづくりを進めようとする行政主導タイプもあります。半世紀に及ぶ若狭町大鳥羽区の振興計画策定のような前者のタイプの取組みがかつては散発的・局所的に見られましたが、最近では後者のタイプで体系的かつ一律に進められることが多くなってきました。第32次地制調答申を踏まえますと、今後はますます後者が主流をなすと予想されます。

もっとも、地制調小委員会の議論の過程では、地域カルテの意義や有用性を認め積極的な活用を進める意見がある一方で、慎重な意見も出されたようです。市町村では既存の計画等が負担になっている実情に配慮を求める意見や、データ整備などを含む作成・利用のサポート体制の必要性を唱える見解などです。地制調で「未来予測図」として論じられたのは、自治体単位や複数市町村を含む広域単位などマルチスケールでの地域カルテの活用についてでしたが、自治体内のコミュニティのレベルでいえば、前述のような懸念はそのとおりでしょう。

また、先に紹介した川上村でのカルテづくりからもわかるとおり、統計データはもちろんのこと、すでに計画書やアンケート調査報告書など、低・未利用ながらも有用なデータが自治体には山ほどあります。宝の山に気づくことができるかが分かれ目だといえそうです。

■自治体計画の場合

全国的に見て地域カルテがどれだけの地域で策定されているのか、その全貌をつかむことは難しいですが、自治体の総合計画と連動した地域（別）計画の策定状況に関する調査データならばあります。日本都市センター第６次市役所事務機構研究会による都市自治体を対象としたアンケート調査（以下、２０１８年調査）[10]によると、総合計画の地域別計画（自治体の区域を複数に区分し、その単位ごとに策定する計画）の策定自治体は54、回答全体の15・９％でした。過去、同センターが行った都市内分権に関する調査（以下、２０１５年調査）[11]でもほぼ同様の結果（79都市自治体、同17・８％）です。

２０１８年調査によれば、地域別計画を策定する理由としては（複数回答）、「地域やコミュニティを単位とする住民自治を尊重するため」（34自治体、63・０％）が最も多く、「構想・計画のビジョンの地域化・具体化を図るため」（29、53・７％）、「総合計画の実効性を高めるため」（23、42・６％）と続きます。「既存のコミュニティ計画等の内容を具体化、位置づけを強化するため」（６、11・１％）は策定理由としては比較的乏しいようです。「住民自治を尊重する」としながらも、あくまでも「行政計画」が主であって、地域レベルの計画を「公共計画」として包摂しようという発想に乏しいからでしょうか。

策定手続きに関しては、「地域ごとに意見交換会やワークショップを開催した」（34、63・０％）が断トツで多く回答されています（複数回答）。自分事として住民が計画について考えるきっかけとしては、イベント的な要素を取り混ぜながらでも、できれば継続的な機会をもって参加できる場を設定することは重要です。最近では、ワークショップのマニュアルも充実しており、総務省地域力創造グループ地域振興室が作成したものもありますので参考にしてはいかがでしょうか(12)。

策定手続に関するその他の回答としては、以下、「地域担当職員等の意見を聞く機会を設けた」「自治会や町内会といった住民自治組織の意見を聞き、市が原案を作成した」「自治会や町内会といった住民自治組織が原案を作成し、それを尊重して策定した」「市が策定した地域別計画の原案に対し、自治会や町内会といった住民自治組織の意見を募った」の順でいずれも2割台の回答です。

2015年調査では、総合計画に限らず自治体計画全般について、地域別計画を策定する際の地縁型及び協議会型の住民自治組織の関わり方を尋ねています。住民自治組織からの意見聴取という手法が約半数（48・0％）を占めており、別の検討組織に住民自治組織の代表者が参加（38・1％）、住民自治組織が計画の策定主体（23・5％）、となっています。

同調査からは、一口に地域別計画といっても、行政分野ごとに策定状況や住民自治組織の関与手法やその度合いが異なることがわかります。また、住民自治組織が地域別計画の策定主体となるという回答率だけをみても、当該地域振興・コミュニティ活性化に関する計画は別として（46・2％）、地域福祉計画では2割を超しますが、教育や産業振興に関してはもちろん、隣接分野の高齢者福祉・介護、児童福祉・子育て支援に関してでも、回答は皆無です。そもそも、いずれの分野も地域別計画の策定率自体がせいぜい1割程度ないしはそれ以下です。旧来型の住民自治組織に頼らず、2018年調査に見るように意見交換会・ワークショップなどの手法を導入して新たな参加層を掘り起こせれば、地域がどのような将来像を描くのかを自ら考察・分析することにつながるかもしれませんが、一方で単発のイベントに終わりかねない面もあります。住民自治組織の主体的な参加の場を工夫して設けなければ、持続可能なコミュニティ自治の育成にはつながらないことを意識する必要がありそうです。

■地方版総合戦略の場合

データ整備・活用という点では、総合計画と並んで、あるいはそれ以上に、まち・ひと・しごと創生法に基づく地方版総合戦略の方が地域カルテとより関係が深いといえます。

筆者が独自に全国の都市自治体（815市・特別区）の人口ビジョン及び総合戦略をホームページ等で確認したところ、自治体内地域（地区）別の人口の推移または将来推計、あるいは両者を人口ビジョンに掲載した都市自治体は、全体の約4割、346あることが確認されました（2019年時点）。

ただし、地区とはいっても字・大字をはじめ、自治会・町内会単位、小中学校区、合併前の旧市町村などさまざまです。なかには町丁単位ときめ細かに示す例もあります。単位が小さいほど将来推計の精度が落ちることを心配してか、人口推移では小単位を用い、将来推計ではより大括りの異なる単位を用いたケースも見られます。また、将来推計はセンシティブなデータでもあるためか掲載せず、過去の人口推移の記載だけにとどめられ、掲載しても地図上にメッシュで示すだけの例も少なくありません。

ちなみに、自治体内地域別の人口推計を人口ビジョンに掲載した都市自治体は136あります。将来像を描き出し、自ら考察・分析していくには物足りない数字の気がします。自治体内分権に積極的な都市自治体でも、地区データを掲載していない事例は少なくありません。もしかすると、総合計画の地域別計画や地域カルテなど別途作成しているせいかもしれません。だとすれば、データの所在をしっかりとリンクづけすべきであり、そうでなければ、住民をはじめ手に取って見ていただく方々に伝わりません。

■データ統合・活用のダウンスケーリング

地域カルテに限らず、データ活用には集約化、そして標準化の誘惑がつきまといますし、それが必要な場合もあるでしょう。しかしながら、まずは自治体レベルで現にあるデータのオープン化・統合化を進め、コミュニティでの有効活用に資するサポート体制を充実強化させることこそが先決でしょう。ＥＢＰＭマインドに裏打ちされたダウンスケーリング思考に基づく計画技法の確立が急務といえます。

〈注〉

(1) ＲＥＡＳＡＳについては、以下参照。https://resas.go.jp/#/13/13103

(2) 藤山浩「『地区診断』無くして、『地域政策』無し」『自治日報』２０１９年8月24日号1面。ビジョンづくりと活用については、同編著『「地域人口ビジョン」をつくる』農文協、２０１８年参照。

(3) 「チャレンジ!! オープンガバナンス２０１８」については、以下参照。http://park.itc.u-tokyo.ac.jp/padit/cog2018/

(4) 以上の取組み内容については、以下参照。http://park.itc.u-tokyo.ac.jp/padit/cog2018/idea/28_Idea_COG2018_Kanagawa_Kawasakishimiyamaeku.pdf

⑸　青山彰久「第115回　ひるまない地域づくりの精神」月刊『ガバナンス』連載「自治・分権改革を追う」2019年3月号、82～83頁。

⑹　一連の若手職員の取組みについては、稲継裕昭「分権時代の自治体職員　第128回・第129回」全国市町村国際文化研修所メールマガジン参照。https://www.jiam.jp/melmaga/bunken/

⑺　大鳥羽区に関する先行研究としては、三橋伸夫・金俊豪「自治体とコミュニティにおけるまちづくりパートナーシップ」『第32回日本都市計画学会学術研究論文集』1997年、235～240頁、大杉覚「小規模自治体におけるまちづくりに対応した職員人材育成」『合併市町村職員研修の支援方策についての報告書』財団法人 自治研修協会、2008年、91頁以下、五百旗頭薫「希望の土を尋ねて」玄田有史編『希望学　あしたの向こうに』東京大学出版会、2013年、同「人口・財政収縮時代の集落自治」2019年、https://jww.iss.u-tokyo.ac.jp/publishments/dp/dpj/pdf/j-225.pdf

⑻　公益財団法人 あしたの日本を創る協会、http://www.ashita.or.jp/office/03.htm 参照。

⑼　旧上中町では1972年以降町事業として自主学級グループの普及が進められており（三橋ほか前掲論文237頁）、地区ごとにヴァリエーションがうかがわれる（五百旗頭前掲（2019）、10頁以下参照）。

⑽　公益財団法人 日本都市センター『都市自治体におけるガバナンスに関する調査研究―第6次市役所事務機構研究会中間報告』2019年3月。

⑾　公益財団法人 日本都市センター『都市内分権の未来を創る』2016年3月。

⑿　総務省地域力創造グループ地域振興室『地域運営組織の形成及び運営に向けた「ワークショップ手法」を活用した話し合いのすすめ』（令和元年度）https://www.soumu.go.jp/main_sosiki/jichi_gyousei/c-gyousei/kanrentoukei.html

第6章

コミュニティ自治と財源

1 自治を基礎づけるコミュニティ財政

■小寺構想と「小さな政治」

20年ほど前、地方分権に向けた改革の機運が高まるなかで、小寺弘之群馬県知事（当時）は、「小学校区を住民の『自治区』に」[1]と唱えて話題を呼びました。小寺構想では小学校区単位に3億円の財源を見込んでおり、何と大盤振る舞いをと度肝を抜かれた記憶があります。「住宅十戸分くらいの金額」であって、確かに、どうにか「個人の推量ができる範囲」かもしれません。それにしても1自治区3億円ということは、提唱当時の群馬県予算は約8640億円（平成11年度一般会計当初予算）、県内公立小学校数は356校（平成11年度）でしたので、県予算の1割あまりに相当する額であったことも確かです。

自治区に課税権を認めようとした構想であったかどうかは定かではないですが、「行政から一定の財源を移譲し、事業を拡大する」のですから、一種の自治体内分権の発想です。「公民館・児童公園・側溝整備など近隣の『ハコモノ』や『公共事業』に予算を使うか、老人福祉・医療・子育て・文化などのために予算を使うか、3億円の範囲内で優先すべき事業を、住民が選択すればよい」というのです。使途を限定した個別補助金ではなく、一括交付金のような一般財源での財政移転が想定されたのだと考えられます。

全国を見渡せば、地域コミュニティの拠点整備費用に1館あたり億単位をつぎ込む自治体があるとはいえ、毎年3億円もの予算を小学校区単位で組み続けられるのかはかなりあやしいですし、そもそもそれに見合った事務権限を移譲することは地域の負担を考えると現状では難しいでしょう。とはいえ、財政規模もさることながら、徹底した財政分権を志向したダウンスケーリング戦略こそ小寺構想の真髄です。小学校区のような小さな区域・単位での「小さな政治」を力説した小寺の想いを念頭に、コミュニティ自治の財政的基礎について考えてみましょう。

■日立市コミュニティと「小さな自治」

小寺構想にある「小さな政治」と比べるべくもないのですが、2000年代以降、小学校区単位等で協議型住民自治組織を自治体内に網羅的に立ち上げる取組みが展開されてきましたが、その先駆的動向は1970年代にすでにうかがえます（第1章）。一例として日立市（茨城県）の「コミュニティ」を取り上げてみたいと思います。

日立市の「コミュニティ」は、1974年茨城国体開催を契機に、1971年に小学校区単位で発足し、花いっぱい運動など環境美化活動を中心に多様な分野にわたって活動の幅を広げてきたコミュニティ組織です。地元では「単会」とも呼ばれ、現在でも概ね学区単位で23のコミュニティがあります。

実は10年ほどまえ、筆者は日立市の行政とコミュニティ活動のあり方検討委員会（2009年～2011年）の座長として参画する機会がありました。検討会はその時点で30年にわたって重要な役割を果たしてきたコミュニティについて、行政との協働という視点から再検討することを目的としたもので、東日本大震災をはさんだ1年半という長丁場にわたり広範な事項を検討し、提言に取りまとめたのです(2)。なかでも「コミュニティの財政基盤の拡充」は重要な論点の一つでした。検討にあたって、23コミュニティの財源内訳を調査したところ（平成21年度決算ベース）⑶、活動資金の約9割は市などからの補助金、委託料、報償金、手数料などで占められていました。また、独自に会費徴収していたコミュニティは半数に満たないこともわかりました。こうした事実は当時の市長からさえも驚きをもって受け取られたことを記憶しています。さらに広義の自主財源（自主財源、コミュニティビジネス、会費収入、その他収入）についても、ほんの数％程度にとどまるコミュニティが少なくないなかで、4割ほどを自前で調達するコミュニティも存在するなど、コミュニティ間で多様な財源調達の実態がうかがえたのです。当時の日立市に限りませんが、地域性の違いによる地域コミュニティ間での活動状況の温度差までは自治体職員であれば認識されているでしょうが、財政状況、さらには財源内訳にまで遡り、その差異までは把握しきれていないのが一般的でしょう。検討会ではそうした点を見える化することにつとめたのです。

上記検討会報告書の「コミュニティの財政基盤の拡充」の項目には、コミュニティが会費制を導入する際に市が支援すること、増大傾向にあった行政からの依頼業務の検証・見直しを図りコミュニティの負担を軽減すること、事業提案型補助金制度を創設するなど補助金等のあり方を見直すこと、また、コミュニティの新たな自主財源確保を目指すコミュニティビジネスの取組みを支援することなどを盛り込んだのです。

その後、日立市のコミュニティでは、提言を踏まえ、着実に地域づくりを進めてきた様相がうかがえます。かねてからその取組みが全国的に注目され、日立市ではコミュニティビジネスに当時から着手していた数少ないうちの一つ、塙山学区住みよいまちをつくる会はその代表例です。同会の直近の会計報告をベースに試算すると、決算額約1千万円のうち、平成30年度現在では自主財源が5割超と、10年前の4割程度からさらにその割合を高めています⑷。高齢者・子供の見守り・居場所づくり、移送サービスなど共創的かつ共生的な事業展開に見合った財政スタンスをとることで、確固としたコミュニティ自治を構築してきたと評価できます。

日立市に限らず、こうした「小さな自治」を育んでいくには、財政面からの視点が自治体のダウンスケーリング戦略には欠かせません。

■コミュニティ自治の財政学

町内会・自治会や集落などのいわゆる地縁団体の規模であれば、多くの場合は、世帯ごとに納めてもらう会費収入が主たる財源でしょう。親睦・交流を主体とする限り、それで事足りるはずです。もちろん、通常の会費負担だけでは賄いきれない支出に迫られることもあります。例えば、いったん導入すれば長期間使用されるごみステーション（ゴミ収集施設）の設置費用などの負担方法をめぐっては、設置後に引っ越してきた世帯の負担をどうするかをめぐって、しばしばトラブルになったりするので、自治体によっては補助金を出すケースもあります。

会費以外の収入には、資源回収から得た報奨金や広報誌配布などでの行政からの委託費、防災関係の助成金等があります。最近では見直しが進められてきましたが、役職等の報酬（会長等が特別職に遇されている場合など）やその他手当が収入として見込まれる場合もあります。

地縁団体を超えるスケール、例えば、小学校区レベルなど規模が大きくなれば、日立市コミュニティの事例で見たとおり、会費徴収は難易度が上がります。行政主導で協議会型住民自治組織を創設する場合、ことに実行機能を発揮することがあわせて期待されるようなタイプの場合には、事業実施にともなう予算規模も膨らむはずです。それらすべてを構成団体や地域住民の負担には求めがたくなります。となれば、行政からの支援が期待されがちになるでしょう。

第4章で、人材不足を課題とする回答に比べると少ないものの、地域運営組織の半数近くが「活動資金の不足」を課題だとする総務省報告書の調査結果を紹介しました(5)。この調査で注目すべきは、支援元としての行政に対する期待度は、他の項目よりも上回ってダントツの約6割に達したことです。

行政からの支援は必要だとしても、行き過ぎればコミュニティ自治の内実は乏しくなりかねません。「小さな拠点」が「小さな自治」「小さな政治」の役割を果たせるかは、そのよって立つ財政基盤によるところが大きいはずです。その意味でも、自治体によるダウンスケーリング戦略の実質を財政面から捉えることは重要なのです。

■政策空間と財政スキーム

自治体がダウンスケーリング戦略に財政スキームを適切に組み込むには、政策空間における自治体と地域コミュニティの関係を明確にする必要があります。

ここで自治体の政策空間とは、活動範囲（どのようなサービスを提供するか）、役割分担（サービス提供にあたってどの主体がどのような役割を担うのか）、そして活動資源配分（サービス提供に必要なリソースをどのように、どの主体にどれだけ配分するのか）という三次元で構成されるモデルです。このモデルは、国と自治体との関係でも同様に考えられるもので、わかりやすく政策空間を建築物に喩えてみましょう。活動範囲とは建築物の間口の広さ、役割分担は奥行き、活動資源配分は高さ（構え）に相当します(6)。

どんなに間口が広く奥行きがあっても（つまり、サービス提供範囲が幅広く、一貫して行うとしても）、構えが貧相であれば（つまり、財源や人手など活動資源が十分に配分されていなければ）、残念な建築物になってしまうでしょう。ここで問われるコミュニティに関する財政スキームは、構えに関わるもので、自治体との間での活動資源配分に直結する決定的に重要な要素なのです。

■「行政協力制度」とコミュニティ財政

政策空間における自治体と地域コミュニティの関係を考えるうえで、基礎的自治体と町内会・自治会との「行政協力制度」に関する日高昭夫の研究を再度手がかりにしたいと思います⑺。

日高によれば、町内会・自治会の業務内容は、かつての「行政窓口の代行」から、現在では、「行政とのパイプ役」という仲介・調整機能を基軸としつつ、「公共的サービスの実施」へとシフトしてきたとします。それにともなって業務の性格も「行政の代行」「行政の下請」的なものから「協働」的なものへと変化し、自治体による町内会・自治会に対する制御のあり方もまたシフトしてきたと論じます。すなわち、「行政窓口の代行」業務はもちろん、「行政とのパイプ役」についても、行政からすればきめ細かく頑健な統制を可能とする行政区長や行政協力員といった人（個人）を媒介とした仕組み（行政委嘱員制度）による「人事管理的制御タイプ」がかつては主流でした。ところが、「協働」的性格を持つ行政協力業務が拡充されるようになった今日では、「人事管理的制御タイプ」単独の活用では十分な効果が期待できなくなり、包括委託型や一括交付型と呼ぶ「財政的制御タイプ」を組み合わせるようになったとします。

また、日高は、アンケート調査を踏まえて、行政区長型、行政協力員型といった「人事管理的制御タイプ」と、包括的な財政資源の提供手段である、包括委託型及び一括交付型という「財政的制御タイプ」とを組み合わせた行政協力制度の類型に照らし合わせてみることで、全国を見渡すと実に多様な行政協力制度が分布していることを明らかにしています。

加えて、それら行政協力制度のタイプ別の違いを測定し、特に包括委託型を併用した場合には、顕著な効果を上げていることから、包括委託型の行政協力制度は、「人事管理的制御タイプ」のように「会長や役員という個人を介して間接的に町内会自治会の社会資源を動員しようとすることとの矛盾やジレンマを解消して、組織としての町内会自治会の社会資源を直接動員することを可能にする点において、より優れている」(8)と評価した点は注目されます。

■「人」から「組織」「事業」へ

以上までの日高の議論を、政策空間モデルに当てはめてみるとどうでしょうか。政策空間を商業施設に見立てる喩えで考えてみましょう。

戦時下にまで遡ってみると、内務省訓令「部落会町内会等整備要領」(1940年)や市制・町村制改正(1943年)のもとで自治体行政=〝大店(おおだな)〟の末端に部落会町内会は〝店番〟として強制的に組み込まれたのですが、戦後、GHQによる町内会部落会廃止命令とその後の同命令の失効など紆余曲折を経ていくなかで、〝大店(おおだな)〟の店先で、「行政窓口の代行」や「行政とのパイプ役」に再編された業務を、行政区長や行政協力員といった行政委嘱員制度によって、〝店子(たなこ)〟に位置づけを変えて継承させられたといえます。やがて「行政窓口の代行」業務のほとんどは自治体の直接執行に戻されたのですが⑼、「行政とのパイプ役」業務は今日に至るまで主要な業務として存続するのです。

その一方で、昭和の合併、高度成長を経て、直近では平成の合併に至ると、自治体は昔ながらの〝大店〟から、〝百貨店〟さらには〝ショッピング・モール〟＝総合行政主体と目されるまでに拡大しました。その過程で、自治体の政策理念や目的に合致すれば、町内会・自治会を中心としたさまざまな地域活動が「行政協力制度」に新設・編入され、定着してきたのです。町内会・自治会等からの要望によることもあったでしょうし、あるいは、有用だと判断した自治体からの要請で、自治体の意思決定プロセスを経て、組み込まれたこともあったでしょう。いずれにせよ、環境・福祉・子育て・教育・防災・防犯・施設管理など広範にわたる「公共的サービス」が、自治体とコミュニティの「協働」関係を進展させながら、拡充し、現在に至っているのです。

一方で、コミュニティ側はといえば、「協働」の担い手としての負担が重くのしかかり、役職者のなり手不足も深刻化するなかで、職務遂行の見返りが、名誉と、次第に削減・廃止される若干の報酬のみでは割に合わないこともあって、〝店子〟＝行政区長・行政協力員をつなぎ留めたり、新規に確保したりするのが難しくなってきました。だからこそ、財政措置の対象も、個人ベースだけではなく、〝ショッピング・モール〟にふさわしい組織間での〝テナント〟契約＝包括委託型の関係をベースとしたものへと転換が促されたのだといえます。とりわけ、〝ショッピング・モール〟同士の大型合併＝平成の合併以降は、行財政効率化推進とも相まって、こうした動きに拍車がかかったといえるでしょう。言い換えれば、日高が制御タイプとして二分してみせた「人事管理」と「財政」との関係は、「人」から「組織」「事業」へという財政リソースの配分単位・対象のシフトを捉えたものだといってよいでしょう。

■「財政民主主義」をコミュニティから問う

以上のように、町内会・自治会を基本単位とする「行政協力制度」は、根強く存続しつつも変革を迫られています。政策空間における自治体とコミュニティの関係は、その枠内には収まりきらない多様な地域活動の存在を抜きには考えられなくなっているからです。地域のさまざまな活動やつながりを「丸ごと」捉える発想は、近年では地域共生社会の観点から後押しされていることは第4章でも指摘しました。

従来のように、「行政協力制度」の枠内での財政リソース＝カネの配分だけ考えればよいわけにはいかなくなっている現状こそが明確に意識されなければなりません。誰がどのような手続きによって財政リソースの配分を決定するのか、そもそも財政リソースをいかにして調達するのか、サービス提供に向けて財政リソースが費消されたことをどのように評価するのかなど、トータルな財政スキームが求められているのです。こうしたコミュニティ自治にまつわる「財政民主主義」を、自治体のダウンスケーリング戦略の実践例のなかで探ってみましょう。

■コロナ禍とコミュニティ経済

新型コロナウイルス感染拡大予防で不要不急の外出自粛が要請された2020年春以降、普段であれば平日の日中にはまず見かけない会社勤め世代が買い物や散歩で近隣をぶらぶらしたり、休校措置で元気のありあまった子どもたちが路上で賑やかに遊んだりする光景が見かけられました。オンライン学習やテレワークが盛んに取りざたされた一方で、まちなかの賑わいに〝昭和〟を彷彿とさせる異様な活況感すら漂いました。

もっとも三密回避で休業を余儀なくされた事業者にとっては活況感どころではないでしょう。そもそも、頻繁に老若男女の往来があり、そここに昔気質の職人らが働く町工場があり、街角にはタバコ屋があって、商店会に零細な店舗が軒を連ねていた〝昭和〟のコミュニティの風景を、コロナ禍にある令和のそれに安易に重ね合わせるのは無理でしょう。

とはいえ、在宅勤務・テレワークで在住者の一定割合が地元にいつくようになったのは確かです。テイクアウトをはじめた飲食店をサポートしようとランチを買いに行く、ご近所でテイクアウトをはじめた店舗を紹介するマップを作ってＳＮＳで配信する、オンラインでテイクアウト・メニューの食事会・飲み会を開催する、など新たな動きも生まれました。地域経済循環と呼ぶにはあまりにも微弱だし、実体経済の収縮は如何ともしがたいとしても、コミュニティ経済に意識が向けられるようになったのは確かでしょう。衣食住という基本的な「暮らし」の場（＝ファースト・プレイス）と、これまで通勤をともなうなど地域的に分離されてきた「生業（なりわい）」の場（＝セカンド・プレイス）とが、新たなかたちで関わりを回復しようとする流れだといえます。三密自粛で、縁台・カフェ・飲み屋・集会所など「親睦・交流」の場（＝サード・プレイス）の役割の一部が、在宅でのオンラインで代替・補完されたとみなせます。

■「隣保団結」の変容

かつてコミュニティといえば、古めかしい表現を使えば「隣保団結」ということばにその機能は凝縮されていました。つまり、「暮らし」の場での支え合いや困りごとの援助、「生業」の場での協力や事業を有利に進めるための地域づくり、祭りなどの「親睦・交流」の場や機会の運営・協力、といったことです。今日風にいえば、互助や共助にあたります。コミュニティの存立目的は、権力・行政の下請けというよりは、「隣保団結」にあったはずなのです。

地方自治研究者の今井照が指摘するように⑽、近世江戸期であれば、「地域内での生産活動（「村」）と地域間の交易活動（「町」）によって社会が成り立って」おり、「一人ひとりの人間の生活の大部分は地域内で完結することが多かった」、すなわち、ほとんどの人々にとって「暮らし」「生業」「親睦・交流」の場が限られた範囲の地域でほぼ完結していたのです。そこでは自助・互助・共助を区別する必要などなく、分かち難く結びついていたといってよいでしょう。

ところが、明治国家以降、「近代化は地域と生産力を切り離」すようになり、「暮らし」「生業」「親睦・交流」が次第に分離されたのです。それでも戦時体制下では、部落会は「農村に於ける生きた現実の生活単位」であり、町会や隣組は「荒んだ都市生活の中に隣保相扶の順風を注入し、個人主義生活の欠陥を補ふもの」として⑾、「国家行政の下部機構」に利用するだけの価値はありと判断されました。

おそらく高度成長期の入り口から半ばあたりまでは、地域によって温度差はあっても「隣保団結」の名残が認められたのではないでしょうか。都市部の町場であれば、そこで商売を手がけたり町工場を経営したりする事業者が、農村部であれば、農業従事者が、自ら暮らすコミュニティで生業を立てる職住一体・近接のライフスタイルをおくる、フルタイムの住民であり得たからです。こうしたフルタイム住民がコミュニティの主要な担い手と目されたたし、実際そうであったわけです。

■産業・就業構造の変化と地域コミュニティ

コミュニティの構造に決定的な変化をもたらしたのは、戦後の産業・就業構造の顕著な変化だと考えられます。概括すれば、第一次産業人口の激減、第三次産業化の流れです。

もう少し地域と関係づけてみましょう。1972年には全国で約150万あった小売業を営む事業所が、2016年には100万を切っています。個人経営に限っていえば、123万から39万と3分の1にまで減少したのです。他業種を含めて小規模事業所そのものが全体として1990年代以降減少しており、なかでも小売業（含む飲食店）は1981年をピークに以降一貫して減少の途をたどって、現在ではピーク時の半数以下なのです(12)。

従業者数で見ても、1972年には約51万人だったのが、1999年の約800万人をピークに、それ以降は740〜790万人台を横ばい気味に変動しています。小売業では従業者のうちパート・アルバイトが過半を占めているので、仮に地元の小売事業者であっても、その従業者は事業所在コミュニティの住民・住人だとは限りません。都市部であるほど彼ら彼女らはその土地との結びつきは薄いと考えた方がよいでしょう。小売業ほどでないにしても製造業や建設業の小規模事業所でも同様の傾向が認められます。また、1990年代以降横ばいを維持しているサービス業を含めて、チェーン展開する地域外資本の事業者が進出してきたことを差し引いて考えると、地域を媒介とした「暮らし」と「生業」との結びつきはますます脆弱になったといって差し支えないのです。

農村部についてはいまさらいうまでもないでしょう。1960年には600万戸あまりあった総農家数は、2019年には113万戸（販売農家）に激減し、1955年には約1932万人いた農業従事者が、1985年には約940万人（以降、販売農家の農業従事者数）、2019年にはわずか約276万人に過ぎないのです。しかも、これは会社勤めなど兼業を含めたもので、フルタイムのコミュニティ住民たりうる農業従事者はさらに限られます。さらにいえば、65歳以上の高齢層が5割あまりを占めているのです[13]。

■三つの理念型

「暮らし」「生業」「親睦・交流」の場を重ねて同一地域に置き、それだけにコミュニティ意識をより強く持つはずのフルタイム住民層が相対的にも絶対数でも乏しくなれば、地域コミュニティの維持が難しくなるのは当然です。産業・就業構造の変化を第1波とすれば、第1波に乗るかたちで、少子・高齢化の第2波が後押しし、2000年代後半からの人口減少の第3波が追い打ちをかけたという構図です。そして、このことは単なる頭数（人口）の変化だけを意味するにとどまらないことに注意が必要です。

コミュニティ経済とは、運営のための組織リソースとしての単なるヒト・カネの問題だけではなく、むしろ、コミュニティの秩序維持とともに、そこで暮らす人々の暮らしを守るという意味での「経世済民」と考えた方が近いのではないでしょうか。

もともとの地域性の違い、加えて三つの波のインパクトの違いから、地域コミュニティ「経世済民」策は、①主として小規模多機能自治に典型的に見られる凝集型、②地方都市を中心に急拡大してきた地域協議組織の形成・運営による連携型、③東京など大都市部で観察される単機能多活動を主体とした包摂型、に区分して考えられそうです。次節で確認しましょう。

2 プラットフォームとコミュニティ財政

■「公共私の連携」とプラットフォーム

すでに紹介してきたように、第32次地制調答申では、そのテーマの一つとして「公共私の連携」が盛り込まれました。町内会・自治会等に加えて、NPO、企業等の多様な主体が地域社会を支える担い手の役割を果たすための環境整備が重要だとして、公共私の連携・協働の基盤となるプラットフォームの構築が提唱されています。そして、市町村は、行政サービスの提供のみならず、多様な主体のネットワーク化を進めるプラットフォーム構築の役割を担うとされます。

かつて筆者は、地域社会で自治体が担うべき役割として、「信頼のネットワークの維持」（自治体が担うべき基本業務とセーフティネットを維持する役割）と「信頼のネットワークの創造的発展」（多様な担い手による協働のネットワークの発展を促進する役割）の二つを挙げ、多様な主体による「新たな支え合いの創造」の実現を目指す、「新しい公共」の発想に基づいた自治体改革が求められると提言したことがあります⒁。もちろん、こうした発想は決して筆者の専売特許ではありませんでしたし、協働をめぐるスタンダードな議論として共有されてきた部分も多いわけですが、その意味で第32次地制調答申も一連の議論を継承するものだといえます。

さらにいえば、かつての地制調でも、地域のさまざまな活動と呼応して新しい協働の仕組みを構築する考え方はすでに打ち出されていました。第27次地制調『今後の地方自治制度のあり方に関する答申』（2003年11月13日）がそれです。ただし、第32次答申とは重要な相違点もあります。

第27次地制調答申では、いわゆる第一次分権改革から間もないということもあって、目指すべき分権型社会では住民自治が重視されなければならないという、今日の地方自治論議では影を潜めがちな地方分権を重視する姿勢が前面に掲げられていました⒂。そして、それ以上に、平成の合併が強力に推進された時期にまとめられた答申であったことも看過できません。第27次答申で言及された「新しい公共空間の形成」とは、実務レベルでいえば、のちに地域自治区等として実現する「地域自治組織の制度化」に照準が向けられていましたし、また、理念レベルでいえば、旧市町村を編入した合併自治体の包括性に着目した「基礎自治体」を概念化する意図が込められたものでもあったからです。

こう考えると、第32次答申が提起する「公共私の連携」は、第27次答申の「新しい公共空間の形成」をめぐる議論とは切り離して考えた方が望ましいかもしれません。

■多様なプラットフォームづくりの視点

若干気にかかるのが、第32次答申でプラットフォームという表現が使われていますが、これをガチガチの組織体制づくりを目指したものだと誤解されはしないかという点です。第27次答申の「地域自治組織の制度化」と同列に考えてはなりませんし、プラットフォームづくりそのものが目的でないはずなのはいうまでもありません。仮にプラットフォームということばを用いるにしても、そのあり方はそれぞれの地域の実情を見極めて柔軟に考えられるべきです。

例えば、図表6－1は、地域社会の特質を同質性と多様性で区分する軸と、当該地域での活動リソース（ヒト・モノ・カネ・情報など）の質・量のあり方（ただし、希少か豊富かはあくまでも相対的）で区分する軸とで、理念型的に整理したものです（したがって、現実はより複合的な場合もあり得ます）。

地域社会全体の同質性が高く、地域活動に充当されるリソース（特にヒト）が相対的に豊富であったとみなされた時代には、町内会・自治会（あるいは農村部の集落など地縁団体）を中心に行政との関係で構築されてきた、従来からのプラットフォーム（これを町内会・自治会体制と呼ぶ）が有効に機能してきたことは前節までの議論のとおりです（図表6－1のA）。現在でも、こうした町内会・自治会体制がコミュニティ自治の根幹であり、これを維持することが地域のプラットフォーム強化の方策としてベストだと考えられている地域は少なくないでしょう。

他方で、同質性こそ維持されているものの、若年層の流出などによる大幅な人口減少や高齢化などのため、地域活動にかかる活動リソースは極めて希少となって厳しい現状にある農山村部や合併都市自治体内の条件不利地域などでは、その持てるリソースを凝集し機能集約を図った小規模多機能自治型のプラットフォームづくりにすでに舵を切りつつあります（同B）。政府も地域運営組織ＲＭＯや小さな拠点づくり、集落ネットワーク形成を近年後押ししてきました。

農山村地域ほどではないにしても、やはり活動リソースが希少となってきた地方都市や大都市近郊地域では、これまで創出してきた多様な活動の担い手を連携させようと、学校区などのより広いエリアを対象とする協議会型のプラットフォーム形成が主眼とされてきたことは（同C）、これまでも各種調査結果を踏まえて紹介してきたとおりです。

そして、あくまでも活動リソースが今のところ豊富な東京をはじめとする大都市近郊地域では、旧来からの町内会・自治会を含めた多様な主体が比較的活発に活動を展開していますが、やがて他地域同様に訪れるだろう将来を見据えれば、それら多様な活動主体の持ち味を相互に引き出すようマッチングを図っていく、いわば多活動マッチング型に重点をシフトすることが求められるといえます（同D）。自主・自立性の高い活動を尊重する意味でも、緩やかに多様な主体を包摂するタイプのプラットフォームづくりが望ましいわけです。

■コミュニティ財政を問う文脈

さて、コミュニティ財政のあり方は、コミュニティの活動リソースであるカネを直接間接に操作するわけですから、プラットフォームづくりに決定的に重要な意味を持ちます。

コミュニティ財政の仕組みの概略を描くと、図表

図表6－1　プラットフォームづくりの類型

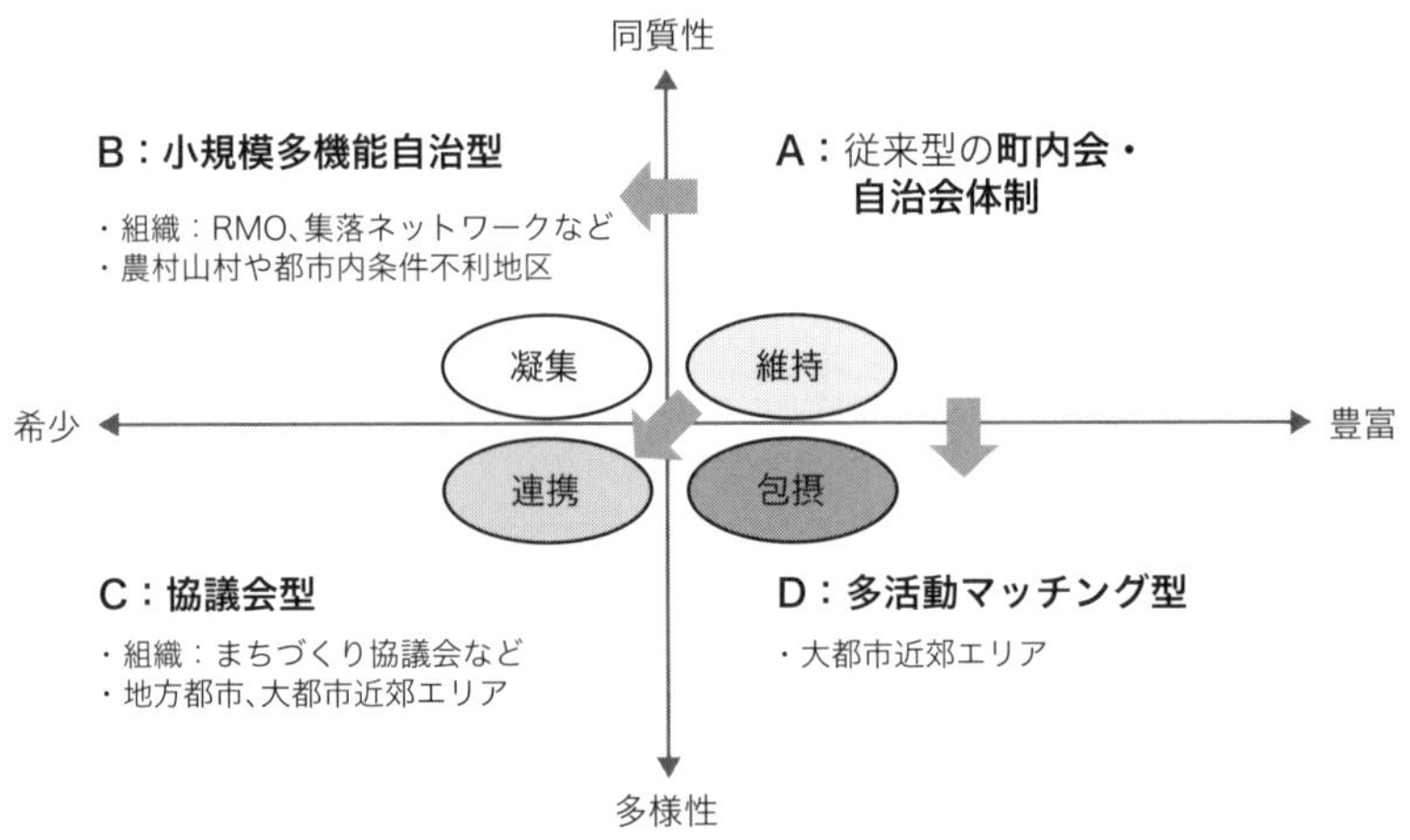

（注）縦軸：コミュニティの同質性・多様性、横軸：地域活動リソースの豊富さ・希少性

6－2のように示されます。もちろん、すべての自治体・地域でこれら制度がフル活用されているわけではありません。どの制度にどれだけの重点を置いてどのような目的で活用しているかはさまざまです。図表6－1の各類型A～Dのようなプラットフォームづくりに際して、自治体はコミュニティ財政のツールをどのように活用してきたのか、そこにいかなる工夫を施してきたのか、その成果はどうであったのか、今後どのように考えたらよいのか、を検討してみましょう。

図表6－2　地域コミュニティ財政の基本構造

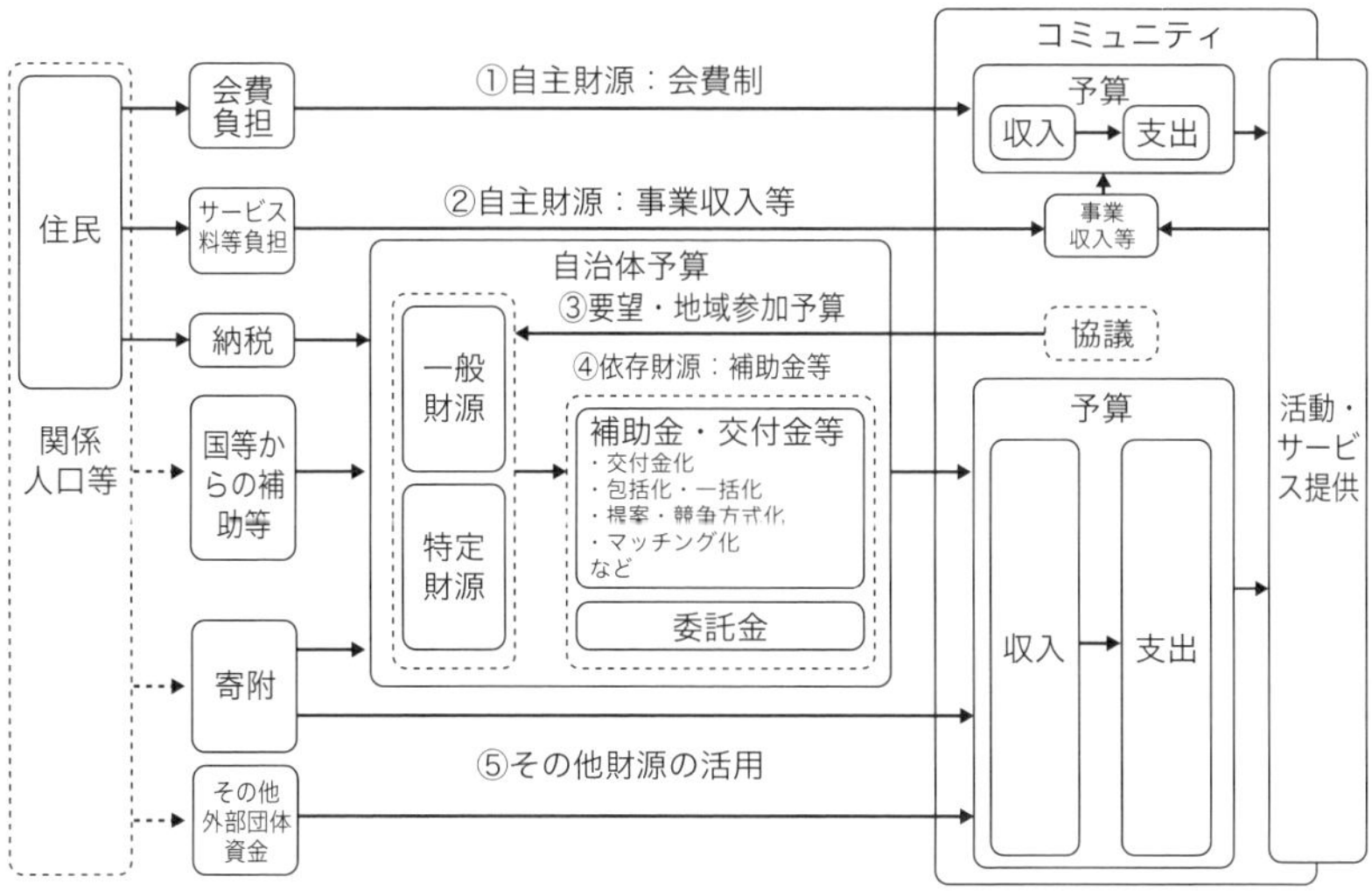

3 「攻め」の会計と自主財源によるコミュニティ経営

■会計マニュアル隆盛の真相

町内会・自治会関連の出版物は思いのほか多く、ルポルタージュや研究書と並んで、あるいはそれ以上に、マニュアル本の類が目立ちます。マニュアルというと、近年では、自治体が独自の町内会・自治会運営マニュアルを作る動きも顕著です。それらをウェブ上で公開している自治体も相当数あります。ざっと見渡すと、町内会・自治会の運営上の〝困りごと〟のトップ3である、新規加入促進、個人情報の取り扱い、そして会計が主たるテーマであることがわかります。

10年ほど前になりますが、「自治会等の役員が頭を悩ませることの多い『お金』の管理について、事務を行う際に参照できる手引き」づくりを目的に、総務省「コミュニティ組織のガバナンスのあり方に関する研究会」が設置され、『「コミュニティ団体運営の手引き」〜自治会、町内会、その他地域活動を行うグループの皆さまに〜』（平成22年3月）がまとめられています。自治体版マニュアル等が続々と作成されだした背景には、この総務省版マニュアルの存在があったのかもしれません。

では、なぜ国が直々にマニュアル作成に乗り出したのでしょうか。先行する同じ総務省の『新しいコミュニティのあり方に関する研究会報告書』（２００９年8月28日）によれば、「会計管理について…その処理の基準、作成書類、監査の方法にばらつきが大きい。会計管理は、組織の内部統制の問題であると同時に、地域住民等に対するアカウンタビリティの重要な構成要素であること、会計情報は地域コミュニティ組織等が団体間で相互に活動状況を知り活動の参考とする重要な要素となりうること等を踏まえ、会計管理の具体的基準や手法については、今後、国において『地域協働体』や地域コミュニティ組織等がそれぞれの状況に応じて参考としうるモデル例を作成して、情報提供するべき」だとして、具体的な検討を促したことによるようです。

■「守り」の会計と「攻め」の会計

町内会・自治会活動にまつわる金銭トラブルは大なり小なり昔からあったとしても、近年、会計管理により厳しい目が注がれるようになったのは確かでしょう。開発絡みの金銭スキャンダルや使い込み・持ち逃げの類は論外としても、〝不当〟に高額な入会金を請求されたとか、近隣と比べてなぜ自分たちの地域の会費が高いのかとか、徴収された会費を一部の役員が飲み食いに使っているのではないかなど、平時からの金銭にまつわる不信も原因ではないでしょうか。時代や地域が変われば価値観もかわってきます。かつてであれば当然視されていたことも許容されがたくなるのです。飲食をともなうイベントでは別途参加料を徴収するなど、運営の見直しが図られるようになったのもその影響でしょう。

職業・階層等の社会的同質性が高く、「暮らし」と「生業」そして「親睦・交流」の場が密接に重なっていた時代であれば、あるいは、今でもその名残を留めた地域であれば、問題にはならないのかもしれません。なぜなら、その土地の住民誰もがコミュニティの当事者である、したがって負担と受益の関係を納得して捉えやすいからです。現代的な意味で団体運営や会計処理の透明性が高いというよりは、強固な共同体意識のもと一種の相互監視が働き、ときに同調圧力に従わざるを得ないとしても、メンバー間でそれなりの理解を得、納得されてきたからです。

すでに述べたように、地域社会の同質性が失われ、むしろ次第に多様化していくなかで、「暮らし」「生業」「親睦・交流」それぞれの場は切り離され、また、コミュニティへの関わり方に濃淡がはっきりするようになると、会計は明朗にといった掛け声程度の微温的な対応では事足りなくなってきたのです。金銭にまつわる不信感があれば、加入率の低下傾向に拍車をかけかねないでしょう。金銭トラブルがもとで最悪、地域の分断を招くかもしれません。地域活動のレベルといえども「ガバナンス」「アカウンタビリティ」概念を持ち込み、是正すべきは是正する態度で臨むに越したことはないことになります。これはいってみれば、「守り」の会計でしょう。

ただし、「守り」の会計ばかりでなく、「会計情報は地域コミュニティ組織等が団体間で相互に活動状況を知り活動の参考とする重要な要素となり得る」という「攻め」の会計の発想の一端が前述の研究会報告で開陳された点は注目されます。

これら総務省研究会が設置されたのは、ちょうど団塊の世代が大量退職を迎えた直後の時期にあたります（いわゆる「2007年問題」）。当時、団塊の世代は不足しがちな地域人財の有力な供給源として大いに期待され、実際、退職前後から〝地域デビュー〟した中高年男性の活躍で地域活動の厚みが増し、現役時代の企業仕込みのマネジメント手法を駆使して地域活動に新たな風を吹き込む取組みが登場しだしたのも確かです。もっとも、従来のコミュニティの担い手とは価値観が異なり、クレーマー風、パワハラ気味にアカウンタビリティを迫る、現役時代の実績に固執し地域にはそぐわないマネジメントを無理強いするなどして摩擦を起こすなど、負の「2007年問題」も同時に深刻化しました。そのためにも「守り」の会計の確立が急務だったかもしれません。いずれにせよ、「新しい公共空間」の理念のもとで構想されたコミュニティ政策のコアに、会計管理の強化が位置づけられたのは自然な成り行きでしょう。

■「自主財源確保は永遠」～豊重流地域経営学からの示唆

「攻め」の会計といえば、やはり、やねだん（鹿児島県鹿屋市柳谷集落）の取組みでしょう(16)。やねだんは、「行政に頼らない」独自の地域づくりを進めてきましたが、代表の豊重哲郎さんは、リーダーがその責任を果たすうえでは財務に強いことを必須の条件に挙げ、会計処理を重視する考えの持ち主です。

やねだんでは、公園づくりなどハード整備も含めた多様な活動を展開する際、1円たりとも住民から徴収することなく、かといって行政からの補助金に依存せず、すべて自主財源を確保し、それを還元するかたちで事業を進めてきたのです。独自の土着菌堆肥による遊休地活用で収穫されるカライモ栽培、それを原材料とした焼酎の生産・販売、なかでも韓国への輸出などの取組みは著名です。かつて筆者がやねだんを訪問したのはちょうど唐辛子栽培に乗り出したころで、今では主力商品となり加工・輸出されています。

ただし、こうした自主財源確保策はあくまでも地域での結（ゆい）活動の一環であって、ビジネス・収益先行では失敗する、と豊重さんは釘をさすことを忘れていません。あくまでも暮らし続けたい地域づくりが目的であり、「自主財源確保は永遠の担保」となるという発想です。文字どおり、国内他地域のみならず海外からも「外貨」を稼ぎ、域内経済循環を実践しているだけに重みのあることばです。

とはいえ、補助金に頼らないとは、いうは易く行うは難しです。祭りなど素朴な「親睦・交流」事業程度ならば会費や臨時的な寄付収入で賄えたとしても、それを超えた事業展開を目論むとなると容易ではありません。補助金は、コミュニティ活動にとっては魅力的な打ち出の小槌であり、行政にとっても手軽な地域協働の実践手法であって、ともに抗い難い誘惑だといえます。

補助金頼みでは創意工夫に富んだ事業を手がけるのは難しいという豊重さんの警告を、いかに受けとめるか次第で地域コミュニティ財政の制度設計の構想はいくとおりかに分岐して考えることができます。

■計画と「守り」「攻め」の会計

「攻め」の会計の要諦は自主財源の確保にありとして補助金に依存しない、やねだん流地域創生術からは学ぶべき点は多い一方で、どのコミュニティでも事業収入だけで活動費を賄いきれるわけではないのも確かです。同じ自主財源ならば、メンバーからの会費収入で賄える範囲内で活動すればよいとも考えられます。実際、会費収入の範囲内でやりくりする地域コミュニティが圧倒的に多いでしょう。

真っ先に思い浮かぶのは、第5章でも紹介した若狭町（福井県）の大鳥羽区です。人口200人余りの小規模な集落ですが、半世紀以上、累次にわたる五カ年振興計画策定を通じた計画マネジメントが集落自治の中核にあります。そして、この点は会計・予算からもうかがわれるのです。若干の財産収入や雑収入（会館収入等）などを除けば、予算の大部分は区費と呼ばれる会費収入で成り立っています。その意味で補助金には依存せず、地区会館の建設・改修や地元神社の補修工事、墓地・公園の造成などは自前の資金でこなしてきた実績があるのです。例えば、第10次五カ年振興計画（平成27年～平成31年）に基づく資金計画を見ると、道路補修、河川浚渫・改修などに備えて数百万円規模の基金が特別会計として計上されていることがわかります。まさに「攻め」の会計といってよいでしょう。

一般に、会費収入の範囲内で活動しようとすると、自前の資金なので使い勝手はよいものの、特に小規模なコミュニティでは調達できる絶対額も限られるので、活動の規模は制約されがちです。かといって、会費を高めの水準に設定しようとすれば、負担に見合ったサービスは提供されるのか、負担の公平性は担保されるのかがあらためて問われますし、経済的に過重な負担にならないかという配慮も必要となります。

大鳥羽区では、区運営規定で、地域住民＝区民を、「永住することを目的として居住するもの」、すなわち、永住者である「正区民」と、「事業所又は店舗を有するもの、公営住宅入居者及び業務その他の事由により一時的に住所を有するもの」、すなわち、非永住者である「準区民」とに分けている点がポイントです。

第8次振興計画（平成17年～平成21年）での提言により、区費の賦課基準は平等割80％、人等割20％と定められ、人等割は20歳以上70歳未満の正区民に賦課されます。また、事業所には従業員数に応じた賦課基準が、また、準区民には単身世帯と家族世帯で異なる基準が適用されます。要するに、大鳥羽区なりの応能原則（例えば、経済的負担能力が見込める年齢層の正会員に人等割を賦課している点）や応益原則（例えば、事業所規模や世帯形態に応じて賦課基準を変えている点）が考え抜かれ、それを踏まえて賦課基準が設定されているのです。

さらに注目したいのが、振興計画策定の都度、区民に対してアンケート調査を行い、丹念に区費や会計に関する意識調査を行ってきた点です。例えば、第10次五カ年振興計画策定時には、①正区民・準区民の資格規定について、②区費の賦課基準について、③正区民の別棟世帯、事業者等について、④準区民の賦課基準について、⑤区の予算規模の縮小について、⑥納税システムについて、それぞれ見直しの必要があるかを尋ねています。住民の意向を踏まえながら規定を改めてきたのです。当たり前のようでいて、多くのコミュニティではできていないことではないでしょうか。そもそもアンケート調査など住民意向調査を行ったことがない地域が圧倒的でしょうし、一旦実施されても継続されず、せっかく行った調査結果がたなざらしにされていたりはしていないでしょうか。大鳥羽区では、「攻め」だけではなく、「守り」の会計も万端なのです。長年、新生活運動に根ざした自治意識の醸成を、住民間の対話をベースに進めてきた大鳥羽区の面目躍如といってよいでしょう⒄。

■地域の包摂性と負担の差異化

一般に、会費収入を主とする組織では、受益と負担の関係をめぐって構成員間の公平性をいかに確保するかが問われます。対応を誤れば、利害対立の末、排除の論理が働いてメンバーシップが閉鎖的になり、最悪の場合、組織の分裂もあり得ます。本来、「親睦・交流」を基礎に置き、最低限、域内にあってはオープンであるべきコミュニティにとっては望ましくない状態に陥りかねません。

とある自治体のコミュニティに関する意見交換の場に出席したときのことです。転入者が会費負担を拒み、未加入状態で困りものだ、と憤懣やる方なくぶち上げた自治会長さんがおられました。話をよく聴くと、その転入者は賃貸アパート入居の転勤族で、2年程度で再び転居する予定なのだそうです。その地域では数年前に用水路の補修をし、地域住民は相当な負担をしたことから、新規加入者にも10万円の負担を求める取り決めをしており、当該転入者にも支払いを求めたが断られたのだといいます。

住民感情からすれば、あとから来たとはいえ同じ住民である移住者にも相応の負担をと考える気持ちはわからなくはありません。しかし、「骨を埋める」つもりのない非永住者にまで、すでにサービスを享受してきた永住者同様の負担を求めるのはさすがに無理があります。冷静に考えれば、同様の負担を求めるのは、不当だと気づいてもおかしくはないのですが、現実にはそういかないことも多いのです。

会費制は、資金調達段階（収入）だけを考えると、その時点で存在するメンバー間での共同負担なので公平性の確保は明確で、一見単純な仕組みに思われます。ただし、それはメンバー構成が固定されたコミュニティを前提とする限りです。実際はどうかといえば、人の移動があります。したがって、賦課徴収する時点と運用段階（支出）とでは時間的にズレが生じ、メンバー構成も変化する可能性があります。また、一時的なサービスに即時的に費消されるだけでなく、ハード事業などを通じて資産にも転換され、一定期間にわたり費消され続けることもあり得ます。

こう考えると、むしろ会費制には厄介な側面もあることに気づきます。しかも、国や自治体、信用力のある事業者のように、借金をしてその返済を将来の受益者に先送りする手法は、コミュニティでは容易ではないことも制約要因となるでしょう。

世代を超えて永住する住民（世帯単位）ばかりで固定的に構成されたコミュニティであれば、短期・長期にかかわらず公平性を確保しやすいかもしれません。しかし、転出入者が現実に存在しうる以上、例えば、資産の減耗分をどう評価し、利用期間が異なるメンバー間でどのように分担し合うのかなど、原理的にいえば、相当に周到な制度設計と合意形成が求められるはずなのです。団体規模に比してハード事業を自前の資金で着実に実施してきた大鳥羽区ではどうだったかといえば、住民挙げての計画づくりによる合意調達とともに、先述のような正区民・準区民という会員区分を設けることで、これらの事態を巧みに回避してきたと考えられます。

つまり、永住者がもっぱら負担するかわりに移住者など非永住者をよそ者扱いしてコミュニティから排除してしまうのでもなければ、非永住者が過重な会費負担を強いられるのでもなく、あるいは、それを避けてコミュニティ組織への加入に二の足を踏んでしまったりするのでもない、スマートな解決を実現してきたのです。大鳥羽区のような仕組みは、メンバーシップにおける包摂性と、会費負担における合理的な差異化を、両立・融合させるものだといってよいでしょう[18]。

■開かれた地域づくりの会計

以上振り返って気づくのは、やねだんにしろ、大鳥羽区にしろ、それぞれが培ってきた自治のスタイルに即応した、独自のコミュニティ財政を構築してきたことです。そしてその中核には、移住・交流を念頭に置いた開かれた地域づくりに適した、「守り」と「攻め」の会計の発想がビルトインされていることは見逃せません。では、他の財政運営手法についてはどうでしょうか。次節で検討してみましょう。

4 財政ダウンスケーリングと一括交付金制度

■財政ダウンスケーリング

コミュニティが自主財源を活用して、「攻め」と「守り」の両面から追求する自治のスタイルについて検討してきました。単なる帳簿上のやりくりにとどまらない、地域経営を見据えた「会計」の発想がコミュニティ財政の基礎にしっかりとビルトインされているかが鍵だということを確認してきました。

もっとも、自主財源を主体として独自スタイルの財政運営をこなせるコミュニティばかりではないのも現実です。都市自治体を対象としたアンケート調査によれば⒆、コミュニティ活動に対する支援策として、ほぼすべての都市自治体で「補助金や交付金などの財政的な支援（現物給付含む）を実施している」（98・3％）現状からも明らかです。確かに自主・自立的な活動を展開し、特色ある取組みを打ち出すような卓越した企画力を持つコミュニティならば全国あまたあるでしょう。しかし、それらの活動を自前の財源で賄いきれるかといえば、その組織基盤の脆弱さからしてハードルが高すぎるでしょう。

そこで、近年、自治体が積極的かつ戦略的に推進している補助金の一括交付金化の取組みについて検討してみましょう。

■「攻め」と「守り」をつなぐ一括交付金制度

自治体は一般に、弱体化したコミュニティ組織の再生やコミュニティ組織間の連携・交流の促進、多様化・複雑化する地域課題に即応した持続可能な地域コミュニティづくりなどを施策の主要な柱に掲げます。前に述べたような「補助金や交付金などの財政的な支援」策が広く自治体で採用されてきたのは、そうした目的を実現するための有力な手法と考えられてのことでしょう。しかしながら他方で、補助金依存こそが地域コミュニティの衰退をかえって促す結末をもたらすのだという議論も有力であり、無視できません。加えて、自治体自体が厳しい財政運営を迫られるようになると、他の補助金等と横並びで、コミュニティに対する財政支援に対しても厳しい目が向けられるようになり、使途の明朗化や補助金支出に見合った効果・効率性が問われるようになってきました。コミュニティ側に「守り」の会計が求められるのも、そもそも自治体側に「守り」の財政が問われてきたからこそでしょう。少なくとも旧来型の補助金行政を漫然と続けるわけにはいかなくなったのは確かです。

だからといって、守勢に回るばかりではなく、行政によるコミュニティの支援策に「攻め」に向けた活路が模索されてきたことは注目すべき動向です。自治体が財政面でダウンスケーリング戦略を策定するにあたって、すでに述べたように、ほとんどのコミュニティでは自前の財源だけで財政運営をこなすのが困難であり、地域経営を見据えた「攻め」の「会計」戦略を自力で確立するのがままならない実情にあることを斟酌することは肝要です。こうした現実を直視するからこそ、自律的な財政運営へと誘導する仕掛けを、行政側からの支援策にビルトインする発想が誕生したのだといえます。近年広く採用されてきた補助金の一括交付金化はその代表的な取組みであり、旧来型補助金行政から脱却した「攻め」の財政ダウンスケーリング戦略なのです。ちなみに、地方分権の潮流を背景に、補助金行政の見直しとして補助金の包括化、一括交付金化が国・自治体間で進められたことも影響したことでしょう。

■長野市の都市内分権と一括交付金制度

いち早く都市内分権に着手した都市自治体の一つである長野市の取組みを確認してみましょう。平成の合併以降、市内32地区（概ね昭和・平成の合併前の市町村区域）を単位に協議会型住民自治組織である住民自治協議会（以下、住自協）を設置し、長野市及び住民自治協議会の協働に関する条例（２００９年）に基づいて、協働の推進を目指したコミュニティ分権に取り組んできました。

沼尾史久・花立勝広によると、実は長野市の「『都市内分権』の構想は当初、①『自治体内分権』（『市役所内での分権』）と②『コミュニティへの分権』とで構成されていた。すなわち、①新たな総合出先機関（『地域総合事務所』）へ『権限』を『移譲』する構想と②新たな『住民自治組織』（住自協等）へ広義の権限を委ねる構想とで構成されていたが…、前者の出先機関の設置を留保した。こうして『都市内分権』は、いわば片翼（『コミュニティへの分権』）での離陸を準備する」[20]という経緯があったのです。

前記転換は、長野市が策定した第一期都市内分権推進計画（平成18年度~平成21年度）中の「地域総合事務所構想」と「当面の方針」にその痕跡が認められます[21]。当初の構想は、本庁の権限・予算を市民に身近な地域へ分散するために市域を区分して、それぞれの地域を管轄する地域総合事務所を設置し、合わせて、地域住民の意見を集約して行政施策へ反映させることを目的とした、市長の諮問機関である地域会議を設置するとされていたのです。地方自治法に基づく地域自治区でいえば、事務所と地域協議会に相当する組織構成が想定されていたといえます。

ともあれ、長野市の「都市内分権」が、「市役所内での分権」（＝行政権限の分散）なき「片翼での離陸」となったことから、「コミュニティへの分権」を担う住自協に大きな期待が寄せられたのです。制度設計にあたっては「『住自協の自由度を確保』及び『住民の負担軽減』を〈規準〉」[22]とすることとされ、住自協が「機能発現」できるよう、市は行政的・財政的支援制度を設けたばかりでなく、各種団体等の廃止方針といった急進策を打ち出すに至りました。もともと一括交付金の原資には既存の補助金が想定されていたとはいえ、一括交付金の使途を実質的に住自協が自由に決められるようにと、単に各種団体補助金を統合するに留めず、補助金を受給してきた各種団体そのものの廃止にまで踏み込んだのです。

■一括交付金制度の多義性への注目

長野市での都市内分権と一括交付金制度導入を活写した沼尾・花立論文の醍醐味は、著者の一人（花立）である実務家の率直な苦悩が語られているところにあります。各種団体廃止という観念的・理念的な都市内分権の進め方と各種団体の果たしてきた役割の現実性との間で、「はたして住自協の『理念』は各種団体の『現実』を優越することができるのであろうか」[23]と真摯に問うのです。そして、各種団体の活動内容や方法を決定するのが行政であるがゆえに、こうした各種団体体制では、住民の「当事者意識」を阻害し「やらされ感」が助長されざるを得なかったのだとして、住自協に対して、真の意味での住民の当事者意識の形成・覚醒の可能性を託したのです。まさしく「攻め」の〝決断〟です。

一口にコミュニティを対象とした一括交付金制度といっても、質（例えば、旧来からのどれだけの補助金が「一括」される対象なのか）・量（一括交付金の金額の多寡）に関わる幅はもちろん、付随してコミュニティの仕組み（長野市の例では、既存団体の存廃）とどのように、そしてどの程度連動した制度設計なのかは、多様に想定されます。一括交付金制度のヴァリエーションを吟味する必要があるのです。

■急進的手法と漸進的手法

長野市の都市内分権の試みは、コミュニティ分権に力点を置き、条例に基づき住自協を設置するとともに、既存の各種団体等を廃止し、それら団体に対する運営費補助により交付されていた補助金を一括交付金として統合するという、ドラスティックな試みでした。これを急進的手法と呼ぶことにします。

長野市の取組みには先行モデルがあります。飯田市（長野県）の地域自治区制度とセットで導入された一括交付金制度（パワーアップ地域交付金制度）です[24]。飯田市も、長野市同様に、行政の縦割りに即した各種団体（例えば、自治協議会連合会、環境衛生組合連合会、交通安全会連合会など）が同じく縦割りに市内連合会を形成し並立していました。飯田市は2007年に地方自治法上の地域自治区を導入する際、これら各種団体を廃止し、「市の組織」である地域自治区制度とは別個の、「住民組織」であるまちづくり委員会の部会に編入・再編する方針をとったのです。地区が自主的に策定する地区基本構想・計画に関していえば、2019年春に最後の一つの地区で策定完了するまで、10年余りの間、じっくりと腰を据え、地区ごとの意識の醸成を重視したのとは対照的なのが興味深い点でもあります。

また、飯田市のコミュニティ自治を語るうえで、公民館の存在は欠かせません。全国的に名高い「いいだ人形劇フェスタ」を地域で支えているのが公民館活動です。地縁団体やNPOなど多様な団体が連携し、地区公民館を核に主体的な学習・交流活動が展開されてきた歴史が刻まれてきており、市職員が若手のうちに公民館主事を経験することを誇らしく語るゆえんでもあります。市民・行政双方にとって、公民館は市政の基盤なのです。地区公民館は地域自治区同様、合併前の旧町村単位（20地区）に自治振興センターとともに配置されています（市中心部の5地区については共同事務所として1箇所にまとめられています）。地域自治区制度導入とともに、地区公民館を市の社会教育機関であると同時に、まちづくり委員会を構成する住民組織として位置づけた点は飯田市ならではの特徴です。

以上のように自治体内分権のあり方で法定と法定外との違いはあるものの、飯田市、長野市はともに各種団体の廃止に踏み込み、一括交付金制度を果断に導入する急進的手法をとりました。これに対してより穏やかで漸進的な手法をとる自治体もあります。個別縦割りの補助金の使い勝手の悪さの改善が要望される一方で、補助金の存在が行政とのつながりを担保し、組織存続を保証するツールとなっているケースも少なくないことから、補助金の統合・包括化・一括化には抵抗はつきものです。そこでソフト・ランディングを目指して段階的に、一括化のプロセスそのものを地域の実情を踏まえつつ進める漸進的手法も有力となるのです。

■一括化へのインセンティブ付与

例えば、高松市では、合併地区を含めてコミュニティ組織が市内全域で設置されるようになった2007年度から3カ年をかけて、3ステップで補助金等一元化が取り組まれました。

詳細を見ると、2007年度には三つの補助金（ふれあい交流事業、高齢者支え合い事業、文化祭事業）

を統合して「地域まちづくり交付金」制度を創設し、加えて、合わせて七つの事業についてコミュニティ協議会への移行を前提に包括補助金として、各種団体とコミュニティで合意ができれば各コミュニティ協議会への交付を可能としました。2008年度は市内全域44地区でコミュニティ組織が構築された完成年度だったのですが、新たに二つの補助金（自治会活動支援事業、保健委員会運営支援事業）を統合し、また、六つの事業を選択制交付金として前年度同様の措置がとられました。それらすべての事業を選択すると10万円、自治会活動補助事業を含む3事業以上を選択すると3万円の加算を行うコミュニティ基盤強化加算というインセンティブ付与もなされています。そして、3年度目の2009年度には新たに2事業（交通安全母の会運営支援事業、地区青少年健全育成連絡協議会運営支援事業）を地域まちづくり交付金に追加するとともに、選択制交付金6事業（リサイクル推進事業、クリーン高松推進事業、分別収集推進事業、地区体育協会運営支援事業、学校体育施設開放運営支援事業、地区子ども会育成事業）も同制度に一元化し、福祉・環境・教育等の分野で広く自主・主体的な活動を可能とする一括交付金制度が構築されたのです。

以上のように、高松市の例では、選択制というクッションを設けつつ、加算という一元化のインセンティブ付与を加味して、3年度かけて計画的かつ段階的に移行したのがユニークな点といえるでしょう。

いま一つ、松山市の事例をみましょう。松山市では、松山市地域におけるまちづくり条例（2009年）に基づき、地域分権型社会の実現を目指した、協議型住民自治組織であるまちづくり協議会の設置が進められました。2006年に最初のまちづくり協議会（堀江地区）が設立されて以来、直近では2020年7月に最新のまちづくり協議会（素鵞地区）が設立されたように、まちづくり協議会の設立自体を地域の主体性に任せているのが特徴です。まちづくり協議会が設置された地区では補助金は一元化されますが、権限・責任と財源の地域への移譲も、それぞれの自治組織としての成熟を見極めて行われ、また、交付金化可能な事業がないか行政が定期的に調査することとされています。

こうした考え方を反映して、現行の交付金制度は、「まちづくり運営事業交付金」のほか、まちづくり計画未策定の認定まちづくり協議会を対象とした「立ち上がり活動交付金」、まちづくり計画を策定した認定まちづくり協議会を対象とした「コミュニティ活動事業交付金」、市と協定を締結して敬老活動、廃棄物減量等活動または防犯活動を行う認定まちづくり協議会を対象とした「連携事業交付金」、そして、市と協定を締結して地域協働活動応援事業を実施する認定まちづくり協議会及び地域協働団体を対象とした「地域協働活動応援事業交付金」といったように、交付金制度が分立した建てつけとなっています(25)。

確かに、厳密な意味での〝一括〟交付金とはいえない一方で、各交付金制度の交付額算定基準により算出された交付金は、必要に応じて他の事業実施のための費用に充てることができるのです。こうした一定の転用可能性がまちづくり協議会にとっては交付金化のインセンティブとなっており、まちづくり協議会ごとの予算組みの観点からすれば実質的な一括化・一元化だという点で工夫された仕組みといえます。

■一括交付金とコミュニティ自治の活動量

以上、急進的手法と漸進的手法とを対比させながら、補助金等の一括交付金化の流れを概括してきました。いずれにせよ、既存の地域団体の存亡に関わるほどの、地域自治のデザインに直結する重要な取組みです。そしてそれは、協働を核として、コミュニティ自治の活動量の拡充を目指すダウンスケーリング戦略の一環にあることを、他のタイプの取組みとの比較を通じて確認してみましょう。

5 財政ダウンスケーリングの進化と深化

■コミュニティ財政の実効性確保

一括交付金の予算枠は、例えば、人口・世帯数など客観的かつ概括的な基準によって算定されるのが一般的です。しかしながら、同じ自治体内であっても、地域ごとにニーズが異なるだけではなく（例えば、高齢者の多い旧市街地か、子育て世代の住む子どもの多い新興住宅地か）、比較的共通したニーズであっても地域の実情に応じて差異は認められるはずです（例えば、通院・買い物の足が公共交通で確保されているかなど）。要するに、コミュニティごとに基礎的ニーズの構造が異なるわけです。さらにいえば、いわゆる地域力やコミュニティのマネジメント力などは、地域間で力量に大きな差異があることは認めざるを得ません。

それでも、一括交付金制度の純粋型は、これら個別事情をあえて反映しないか、できるだけ控えようとします。結果の平等を重視するあまりコミュニティ自治・分権を損なわないよう、機会の平等に重きを置いて包括的に捉える仕組みなのです。したがって、現実に財政制約が厳しくなり、十分な予算総額が確保されない場合には、コミュニティ間で過不足にバラツキが生じる場合もあり得ます。

行政主導でダウンスケーリング戦略を推進する手前、地域が違えばバラツキがあって当然と開き直るわけにはいかないので、工夫が求められます。この点を、高浜市（愛知県）の一括交付金制度の遷移を例に考えてみましょう[26]。

■制度進化の系譜

第3章でも触れましたが、高浜市では2005年より足掛け5年をかけて、五つの小学校区でまちづくり協議会を順次立ち上げ、地域内分権が推進されてきました。のちに高浜市まちづくり協議会条例で根拠づけられています（2015年）。地域内分権の推進が打ち出された2005年には、「市と市民が相互に連携し、新しい公共空間を形成していくために実施する協働事業及び地域内分権を推進するとともに、市民公益活動を支援する」ことを目的とした「高浜市まちづくりパートナーズ基金」が条例で設置され、以来、まちづくり協議会の財源がこの基金により確保されてきました（図表6－3参照）。基本的なスキームは2度ほど大きな変更が加えられています。

第1段階にあたる当初スキームは、個人市民税1％相当額が積み立てられた基金から拠出する、まちづくり協議会向け「地域内分権推進事業」での交付金でした。「移譲事業」と通称されるように、もともと市の実施事業のうち、市民に身近なサービスを地域内分権推進の担い手であるまちづくり協議会が自主的・主体的に実施するとされた12事業を対象としたものでした。現在、青色防犯パトロール事業、防災訓練事業、健康体操事業の3事業はすべてのまちづくり協議会で実施されていますが、取組み状況はまちづくり協議会ごとに異なり、したがって、交付金額も異なります。

第2段階では、吉岡初浩市長が最初の選挙時に掲げたマニフェストを受けて、2010年からは個人市民税5％を当てる「マニフェスト市民予算枠」が新たに導入されました[27]。「市民予算枠事業」は、小学

図表6－3　高浜市まちづくりパートナーズ基金の現状

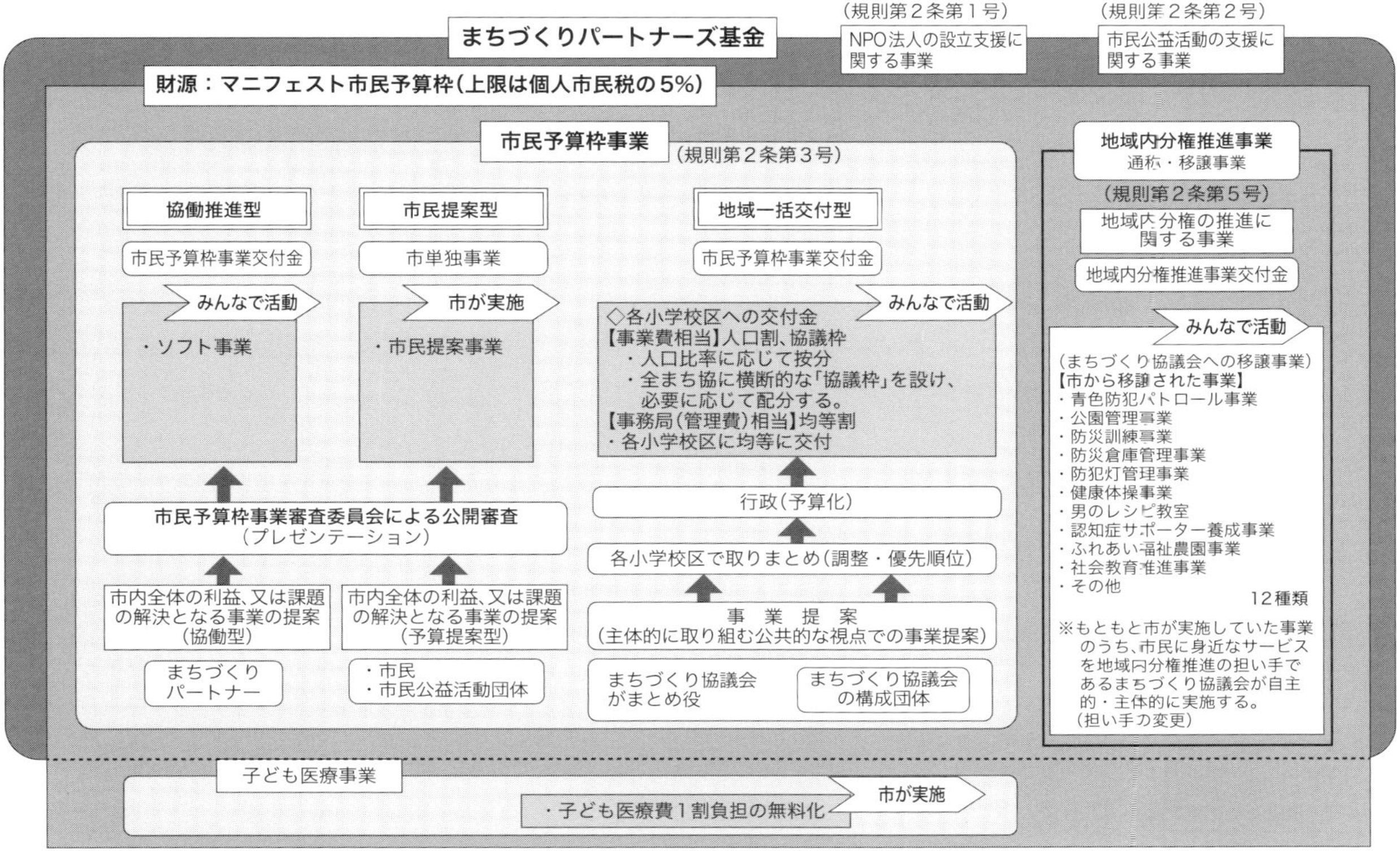

(出典)高浜市提供資料

校区内の町内会等の地域団体やまちづくり協議会が実施主体となる事業を対象とした「地域内分権推進型」、市内全体の利益や課題解決となる事業で、「高浜市まちづくりパートナー」に登録された市民公益活動団体を対象に審査・採択を経て交付される「協働推進型」、市民や市民公益活動団体が提案し、市が実施する「市民提案型」の三つの事業タイプから構成されます。受け手となるまちづくり協議会を主体に考えると、従来からの「地域内分権推進事業」に加えて、新たな「地域内分権推進型市民予算枠事業」とで、二本立ての〝一括〟交付金制度になったのです。

そして、第3段階は、二本立ての建てつけは受け継いだまま、2017年より、「市民予算枠事業」の「地域内分権推進型」が「地域一括交付型」と改められ、現在に至る段階です。新しい「地域一括交付型」制度では、対象団体がまちづくり協議会に一本化され、構成団体が事業実施する場合は、まちづくり協議会が窓口になりました。また、従来は交付金の算定は提案積み上げ方式であったのが、各小学校区に均等割（事務局費相当）・人口割（事業費相当）で交付し、それだけでは対応しきれない分について「協議枠」が設けられたこと(28)、情報共有の場として新たに「おさいふ会議」が設定されたことが注目されます。

■制度深化の諸相～「協議枠」と「おさいふ会議」

高浜市ではまちづくり協議会立ち上げを一律に急かすようなことはせず、地域ごとの機運を尊重しました。同様な姿勢は、スタートから設けられた一括交付金事業である「移譲事業」でも、残額を精算しないインセンティブを与える一方で、必須事業を設けず、どの事業を移譲するかを各小学校区の自主性・主体性に委ね、時間をかけて熟度を上げてきた点にもうかがわれます。総じて漸進的手法がとられてきたといえます。

第3段階で設けられた「協議枠」は、市民予算枠事業（地域内分権推進型）の予算額の3分の1を当てており、その範囲内で各小学校区からの提案事業について協議を経て交付する仕組みに変えています。一括交付金制度の自由度を担保しつつ、地域ニーズにきめ細かに対応する仕掛けだといえます。

ユニークな名称を持つ「おさいふ会議」は、市、まちづくり協議会、その構成団体などが一堂に会し、各小学校区からの提案金額総額が予算額を超えた場合の調整・協議のために「お互いの事業を尊重しあい、小学校区という枠を超え、市全体として交付金の使途を検討する場」として設置されたものです。これまでのところ、財政調整を要する事態には至っていないそうですが、こうした場を設けたことで、まちづくり協議会の単位を超えた交流を生み出し、学びあいから気づきが得られるようになったという点は重要です。

■財源・資金調達手段の多様化

コミュニティを対象とした一括交付金制度は、コミュニティ自治を充実させようという地域内分権の発想がベースにあります。従来型の個別補助金に比べると、助成対象・項目・基準などが緩和・廃止されるので、使い勝手がよくなり、地域での創意工夫の余地も広がります。自主財源ほどではないにしても、地域財政の自由度を高める効果が期待されますし、自主財源では得難い安定的な財源確保のメリットは大きいでしょう。

すでに見たように、一括交付金制度は従来型の個別補助金を原資に創設されることが多いのですが、地域コミュニティ税を導入し、その税収を原資としたかつての宮崎市の取組みはユニークな事例でした(29)。同税は市民一人あたり年額500円の個人市民税均等割超過課税方式によるもので、地域コミュニティ活動交付金基金に積み立てられ、各地区に交付されたのです。新税導入にかけた意気込みは、使途ルール・基準づくりにあたっては研究会を設置して慎重に検討し、また、交付金を活用した事業評価のための評価委員会が設置されたことからもうかがわれます。地域コミュニティ税制度そのものは平成21～22年度の2カ年で終了しましたが、制度の骨格は継承され続け、各地区の交付金の受け皿となる地域まちづくり推進委員会を通じて多様な地域活動が創出されるきっかけとなったのです。

コミュニティ税制は宮崎市がチャレンジした一例のみにとどまりますが、それ以外にコミュニティ向け財源の原資に寄附制度を活用する例は比較的多く見られます。すでに見た高浜市の高浜市パートナーズ基金は個人市民税からの拠出に加えて、市民からの寄附金が積立対象として想定されています。

昨今で寄附といえば、やはりふるさと納税制度でしょう。ふるさと納税というと、牛肉や海産物といった地域の特産品などの返礼品に注目が集まりがちですが、総務省ふるさと納税ポータルサイトをのぞくと、さまざまな地域活動に資する活用事例が紹介されています。飯田市の「飯田市20地区応援隊」のように、市内全域（20地区）にそれぞれの地区で取り組む事業等への賛同者からの寄附を交付する仕組みは一例です。「飯田市20地区応援隊」サイトには、各地区の活動状況や寄附の使いみちの詳細が紹介されています。

また、民間のふるさと納税サイトである「ふるさとチョイス」で、「コミュニティ」などのキーワードで寄附の使いみちを検索してみると、「○○市○○地区を応援！」「○○市○○協議会の活動を応援！」などのキャッチフレーズがヒットします。「思いやり型返礼品（協賛型）」という、いわゆる物品での返礼品はなしに、特定の地域を応援するものが主のようです。

全国でどれだけのコミュニティがふるさと納税による応援・支援を打ち出しているか、そして実際どれだけの寄附額があるのか、全貌を把握することは難しいですが、相当数にのぼるようです。思いやり型返礼品では、ふるさと納税の特長を活かしきれず、また、安定性にもかけるので、財源確保策としては限界があるかもしれません。それでもコミュニティ・レベルからの関係人口づくりに寄与する効能を評価すれば、自治体にとっては有力なダウンスケーリング戦略に違いないでしょう。コミュニティやその一部有志が立ち上げた個別事業・プロジェクトを対象としたものでは、ふるさと納税に限らないクラウドファンディングを活用する事例はますます増えてきています。

資金調達手段は多様化しており、これらを適切に組み合わせた安定的な財源確保に向けた環境の整備が重要でしょう。国や各種財団の補助金・交付金にしてもそうですが、これらの仕組みをどのコミュニティでも目敏く活用できるわけではないでしょうから、だからこそ自治体や中間支援組織の媒介機能が重要な意味を持つわけです。

■地域版市民参加予算の構想

ところで、コミュニティ財政制度のなかで、筆者が注目してきたのが市民参加予算制度のコミュニティ版に相当するものです。

市民参加予算といえば、ブラジルの都市ポルト・アレグレ市の取組みが著名で、以降世界的に普及してきました(30)。日本では東京都が2018年度予算から「都民による事業提案制度」に、三重県が2020

年度予算から「みんなでつくろか　みえの予算（みんつく予算）」にそれぞれ着手しましたが、まだなじみが薄いかもしれません。市民参加予算は、行政が執行する事業の優先順位を変更したり、市民提案の事業を投票に付して支持を集めたものを予算に組み込んだり、あるいは市民意見を既存事業に反映させたりと、採用する自治体によって制度設計に違いはありますが、いずれにせよ市民が予算決定に広く参加できるものです。

コミュニティ版市民参加予算といえる例として、高浜市の市民予算枠事業の市民提案型もそうです。ただし残念ながら、制度創設以来、提案事業は一件にとどまり、しかも不採択であったため、現時点では実績はないようです。

いま一つの事例として、豊田市の地域予算提案事業があります。同市ホームページによれば、「地域と行政の共働と地域内での合意形成を前提に、地域課題の解消に向けた地域意見（事業計画書）を市の施策に的確に反映し、効果的に地域課題を解決するための仕組み」で、地域会議（中学校区相当に設置）に、支所長に予算案（事業計画書）を提案する権限＝予算案提案権を付与する都市内分権の制度と位置づけられています。地域会議ごとの予算枠は年間2000万円にものぼります。

豊田市の財政分権の仕組みには、わくわく事業と呼ばれる、地域住民が事業主体となって提案される事業に対する補助金制度もあります。年間500万円の補助金交付審査権が地域会議に付与されています。これに対して地域予算提案事業の場合、事業主体はあくまでも行政であって、地域住民が意見を反映させる仕組みである点に違いがあります。

豊田市の地域予算提案事業は、予算規模といい、コミュニティ版市民参加制度として申し分はないのですが、実は執行状況は地域間で相当のばらつきがあります。平成の合併で編入された旧町村地域では執行率が概ね高いのに対して、都心部などを中心に執行率が1割に満たない地域会議も少なくありません。地域間でコミュニティ意識に差があるといえばそれまでですし、こうした差は許容されるべきだと筆者は考えています。むしろ、「地域と行政の共働」という豊田市の都市内分権の主旨を、事業実施に際して地域に実働を求めるべきだというふうに解釈されてしまってはいないかが気がかりです。そもそも地域レベルの事業では、どうしても地域に何らかの負担がかからざるを得ない場合が多いのです。新規事業を組むとなると、行政の負担も増えるし、都心部では地域の実働を求め難い傾向にあることが多いわけですから、結果的に自ずと予算枠の未消化に終わってしまうのはやむを得ないでしょう。

その意味で豊田市の事例は示唆的です。コミュニティ版市民参加予算のポテンシャルをフルに発揮させるには、新規事業は重要性・必要性を十分見極めて予算組みすることはもちろん、負担に大きな変化が生じないように事業の優先順位づけを中心に検討するなどの工夫が必要ではないでしょうか。そのためにも、地域側も行政側も、過度の負担を背負わず、やらされ感だけが残ってしまわないよう、真摯な対話の場をしっかり持つ必要があります。コミュニティ版市民参加予算制度は、工夫次第では、「参加」よりも「協働」を優先しがちな日本のコミュニティ自治の風土に変革をもたらし、コミュニティ発のローカル・デモクラシーを実質化するうえで期待感を抱かせる仕組みだといえます。

〈注〉

(1) 小寺弘之「(論壇) 小学校を住民の『自治区』に」朝日新聞、1999年3月9日、朝刊。

(2) 日立市『行政とコミュニティ活動のあり方検討委員会報告書』平成23年10月。なお、現在、第2次検討委員会が設置され、検証を含めた検討が進められているようです。日立市ホームページ https://www.city.hitachi.lg.jp/shimin/012/009/index.html 参照。

(3) 調査結果については、日立市前掲報告書8頁参照。

(4) 『住みよい塙山かわら版』2019年4月20日、456号掲載の「平成30年度住みよいまちをつくる会決算」より試算（収入決算学より補助金、負担金、再生資源回収報償金を控除した金額の割合による）。

(5) 総務省地域力創造グループ地域振興室『地域運営組織の形成及び持続的な運営に関する調査研究事業報告書』平成30年3月、27頁。

(6) 大森彌・大杉覚『これからの地方自治の教科書』第一法規、2019年、112～113頁。

(7) 以下、日高昭夫『基礎的自治体と町内会自治会』春風社、2018年、特に第4章参照。

(8) 日高前掲書162頁。

(9) この点は日高のアンケート調査からもうかがえます。「行政窓口の代行」にあたる選択肢として、「行政の住民窓口業務（証明書交付、納税・各種保険料納付・共済加入促進など）の取次ぎ」と「介護保険や生活保護などの申請促進の取次ぎ」がありますが、いずれも回答自治体は1割未満であり、特に後者は数%程度です。日高前掲書143～144頁参照。

(10) 今井照『地方自治講義』ちくま新書、2017年、157～158頁。

(11) 自治振興中央会（内務省地方局内）『部落会・町内会等の整備方針』1941年、3頁。

(12) 中小企業庁『2016年版小規模企業白書』参照。

(13) 農林水産省『農業センサス累年統計』及び『農業構造動態調査（平成31年）』参照。

⒁　渡辺幸子・大杉覚『「新しい公共」と新たな支え合いの創造へ』公人の友社、2006年、特に25頁図1参照。
⒂　改革論議における地方分権の論調の変化に関しては、拙稿「共創型分権の構想と地方分権の『復権』」『季刊行政管理研究』No.169（2020年3月号）、1頁参照。
⒃　以下、やねだん公式ホームページhttp://www.yanedan.com参照。
⒄　新生活運動と旧上中町（現若狭町）の取組みについては第5章注7、及び、五百旗頭薫『〈嘘〉の政治史』中央公論新社、2020年、222頁以下参照。
⒅　なお、第10次振興計画での提言によって、非永住者（本来であれば準区民）であっても、「新たに正区民になろうとする者は、区長に請願書を提出し、総会で承認を得ること」（区運営規定第2条①）ができるようになったことで、メンバーシップはより開かれた包摂度の高い仕組みへと改善されています。
⒆　原宏樹・黒石啓太「アンケート調査結果」公益財団法人 日本都市センター編『コミュニティの人材確保と育成』2020年3月、259頁。
⒇　沼尾史久・花立勝広「『都市内分権』の論理⑴」『信州大学経法論集』第6号、2019年、143頁。なお、著者のうち、花立勝広氏は長野市役所職員でかつて都市内分権の担当者。たびたび長野市の取組みについてご教示を得たことを感謝申し上げます。
㉑　長野市ホームページ「都市内分権について」https://www.city.nagano.nagano.jp/soshiki/chiiki/13352.html
㉒　沼尾・花立前掲論文、145頁。
㉓　沼尾・花立「『都市内分権』の論理（2・完）」『信州大学経法論集』第7号、2019年、33頁。
㉔　長野市は飯田市の制度導入を先行事例として認識していたことについては、沼尾・花立前掲「『都市内分

権』の論理(1)」145頁（注5）参照。

(25) 松山市地域におけるまちづくり交付金交付要綱（平成23年9月16日）参照。

(26) 以下、高浜市ヒアリング調査（2020年10月23日）等によります。ご対応いただいた深谷直弘企画部長、山本久美総合政策グループ副主幹にはお礼申し上げます。

(27) 本書でいう第2段階までの高浜市の地域内分権の取組みと、各まちづくり協議会の財源配分状況については、吉村輝彦「地域まちづくりの推進のための包括的プラットフォーム及び財源枠組みに関する一考察─高浜市におけるまちづくり協議会を中心とした取り組みを事例に」公益社団法人 日本都市計画学会『都市計画論文集』Vol.48 №3、2013年10月、267～272頁参照。

(28) 例えば、平成29年度予算案では、地域一括交付型4000万円（平成28年度地域内分権推進型と同額）のうち、個人市民税1％相当額で予算額3分の2にあたる2700万円のうち均等割4割（1080万円）、人口割6割（1620万円）とし、3分の1にあたる1300万円が協議枠とされています。

(29) 以下、一般財団法人 地方自治研究機構『地域コミュニティの再生・再編・活性化方策に関する調査研究Ⅱ』（平成22年3月）166頁以下、本村真二「地域自治区制度による住民主体のまちづくり」、公益財団法人 日本都市センター『都市自治体とコミュニティの協働による地域運営をめざして』2015年3月参照。

(30) 市民参加予算については、兼村高文編『市民参加の新展開』イマジン出版、2016年参照。

第7章

終わりに―コミュニティの未来図の描き方

■未来志向という時間の越境

コミュニティをマルチスケールな社会構成のなかで捉える視点を通じて、自治体のダウンスケーリングの見取り図を描いてきました。具体的な制度設計では、ヒト・モノ・カネ・情報・組織など、コミュニティ自治を形成するためのリソースのマネジメントが必要ですが、本書では、中間支援、地域担当職員制度、地域カルテ・計画、コミュニティ財政などのトピックにわたって論じてきたことになります。他にも論点を挙げ出せばきりがないでしょうが、あらかた大きな図柄は描いてきたことにはなります。

ただし、あくまでも見取り図であって、具体の実践のなかで魂を込めていく工夫が必要です。そこまで含めてこそダウンスケーリング「戦略」でしょう。

最後に、未来志向という時間的要素を戦略に加えることを提案したいと思います(1)。未来とは未知であり、現在から未来へという時間の越境を意味します。開かれた可能性にワクワク感があるからこそ、例えば、自治体の計画づくりやコミュニティでの地域カルテづくりなどのワークショップなどでも、「未来」がテーマにしばしば掲げられるのでしょう。躍動するコミュニティづくりには必須の要素といえるでしょう。

未来志向を強く意識したといえば、本書でも繰り返し紹介してきた第32次地制調答申を挙げないわけにはいきません。同答申は、「公共私の連携」を掲げ、行政だけではなく、コミュニティ組織、NPO、企業等など、多様な主体の連携・協働をコミュニティ形成の基礎に置く考え方を確認したものですが、市町村に、行政サービス提供の役割にとどまらず、これら主体をネットワーク化し、積極的にプラットフォームを構築していく役割を期待しています。こうしたプラットフォームを、「地域の未来予測」を踏まえ、目指す未来像の実現に向けた議論の場にしようというのです。

■「巻き添え」にしないプラットフォームづくり

地制調の審議に先立ち取りまとめられた、総務省自治体戦略2040構想研究会第二次報告（2018年7月）では、市町村の「プラットフォーム・ビルダーへの転換」が打ち出され、「自治体の職員は関係者を巻き込み、まとめるプロジェクトマネジャーとなる必要がある」と勇ましく説かれていました。これに比べると、地制調答申の表現は幾分抑制された感があります。地域づくりにあって、立ち位置や力量、関心の度合いや方向性の違いを無視して無理に「巻き込む」ようなことをしても、やらされ感満載の「巻き添え」にしかならないのが相場なのです。それではワクワク感どころか、かえって逆効果で萎縮するコミュニティに反転してしまいがちになることは、地域に関わる実践者であれば承知済みなので、「巻き込む」という表現そのものがＮＧワードとされることさえあります。2040研究会報告とは打って変わり、地制調答申はこうした機微をわきまえた書き振りだとあえて期待して読み込むことにしましょう。

ちなみに、地域づくりで「巻き込む」ことが実効的なのは、①すでに強い絆にある仲間内であるとか（例えば、伝統的な共同体内の濃密な人間関係が当然視されるなかで。ただし、隠微な関係を生み出しがちなので要注意です）、②明確な利害・理念の一致が確認された間柄とか（例えば、ビジネスライクな関係で。ただし、利害の一致・不一致を基準として、離合集散がいつでも後腐れなくできることが前提です）、あるいは③両者を兼ね備えた関係か（いい意味で「サラホカ」な関係を醸成した「チーム我がまち」（第4

章参照）で）です。③が実現する熟度の高い関係であればそれに越したことはないのですが、そうでないからこそコミュニティ形成が課題となり、プラットフォームづくりが模索されるのです。

だからといって、「巻き添え」を恐れて行政が「丸抱え」したり、逆に地域に「丸投げ」したり、その結果放任状態のままになってしまってよいわけではありません。肝心なのは、すでに万全の取組みを自力でし続けてきた地域であればそれを見守り、さあこれからという地域であればそれを後押し伴走すること、また、これといった取組みも未着手な地域に対してはコミュニティ形成の重要性を粘り強く説き、必要な情報を提供し続けることです。唯一絶対のプラットフォーム・ビルダーだと前のめりになるよりも、こうした役回りこそ自治体が地道に引き受けるべきなのです。

■ナッジとしての「地域の未来予測」

ボランタリーなはずのコミュニティ参加が、地域の過去からのしがらみに絡めとられ、関わって当然だとばかりの、相互監視による動員が実態であったりします（前述の①で生じがち）。露骨な動員が難しくなったと、協働の担い手という美名のもと行政が住民を実働に駆り出そうという一見洗練されたかのような最近の流儀も、レトリックは変われどロジックに差異はありません。

地域の未来像を一緒に考えませんか、という誘いが、新手の動員手法と見透かされ、そして実際にそうである限りは、かえって不信感を募らせ、身構えられてしまいます。コミュニティでの共生を模索するボランタリーな活動こそが、コミュニティ形成の結晶核になるのだとすれば、義務や強制の意図は払拭されるべきでしょう。自らの意思で、おおらかに、そして無理なく志を貫き続けるというボランタリーな活動の真骨頂が発揮される雰囲気づくりこそが求められるのです(2)。

必要なのは、「巻き込む」のでも、ましてや「巻き添え」にするのでもなく、近年注目される行動経済学でいわれる「ナッジ」といったところ。ナッジ理論とは、頭ごなしに命令したり禁止したりするよりも、軽く肘でつつく（nudgeの元の意味）ように、本人が行動を起こしたくなるよう後押しするのが有効だとする考え方です。

何らかのきっかけで、自らのコミュニティについての「地域の未来予測」に関わる機会を得たとしましょう。未来・未知を考え、議論し合うことでワクワク感を感じ取り、触発され、希望の実現や困りごとの解決に向けて、もっと考え続けようとか、実践活動に関わろうと、早速行動に移す人が出れば上首尾。イベントだけの参加ならば何とかなっても、仕事やプライベートな生活の都合で、自分ではコミュニティ活動に日常的にコミットするのは無理でもこのワクワク感を知人に知らせようと思い、実際に口コミやSNSで拡散させるような行動をとる人がいてもいいわけです。さらにいえば、たまたま参加はしてみたものの、やっぱり自分の性には合わないと考える人も少なくないでしょうし、そもそうした場に顔を出そうなどと思いもしない大多数の人々が存在します。さまざまな立場を一旦は許容したうえで、それでもコミュニティ形成に向けたボランタリーな活動の結晶を核からネットワークへと豊かにかつ持続的に成長させられたならば、それでよしとすべきなのです。

■「誰一人取り残されない」コミュニティ形成

「『公共私の連携』論では、自治体行政のあり方が問題にされているため、『公』が先頭にきている」(3)

のだとすれば、その「自治体行政のあり方」とは、自治体が率先して、国全体のシステムとしての「地方行政体制」にコミュニティ自治を絡めとる先導役を果たすことではもちろんありません。同心円状の世界観（第1章参照）にとらわれることなどなく、コミュニティそれぞれにふさわしい秩序形成を自治的に、そして躍動感をもって進められることを保障することにあるはずです。そして、未来志向性が強調される風潮のなかでも、未来を夢想する余裕などなく、過去の時間に浸らざるを得ない境遇の人々をも包摂する「誰一人取り残されない」コミュニティ形成に目配りすることでもあります。

〈注〉

(1) 未来を思考の主流に据えることの意義については、ジョン・アーリ（吉原直樹・髙橋雅也・大塚彩美訳）『〈未来像〉の未来』作品社、2019年参照。

(2) 大森彌・大杉覚『これからの地方自治の教科書』第一法規、2019年、278～279頁。

(3) 上林陽治編『未完の「公共私連携」』公人の友社、2020年、26頁、「自共公」（自助・共助・公助）との対比で述べられた大森彌発言。

謝　辞

本書は、月刊『ガバナンス』（ぎょうせい）での連載「自治体のダウンスケーリング戦略」（平成29年4月号〜令和3年3月号）をベースに再構成したものです。本書が成り立つまでには、実に多くの方々からのご協力・ご支援をいただきました。

真っ先にお礼申し上げなければならないのは、本書帯に推薦のことばを寄せていただいた、恩師、大森彌東京大学名誉教授です。長年、公私にわたりご指導を賜って参りました。いまだその御恩に報いるには至らないままに、お手を煩わせてしまいました。あらためて身が引き締まる思いです。

同僚の松井望東京都立大学教授には入稿前の原稿を入念にチェックいただき、数々の貴重なアドバイスをいただきました。紙幅の関係で活かしきれない指摘も多く申し訳なく残念ですが、今後の糧とさせていただきます。

事例を現地調査・取材するにあたって、本文中に記載させていただいた方々はもとより、それ以外にも多くの方々からご教示をいただいております。特に、書き下ろしで加えたコラムでは、現在進行中の多摩市「(仮称)地域委員会構想」や若者会議を取り上げさせていただきました。日頃からお世話になっている合同会社 MichiLab や多摩市役所の皆さんにお礼申し上げます。かつて若手職員向けの実践塾塾長を務めさせていただいた経緯に甘えて、高浜市役所の皆さんからは、写真の提供をいただきました。ありがとうございます。なお、紙幅の関係で本書に収録できなかった連載回も少なからずあります。それらは、他日を期したいと思いますので、どうぞご容赦ください。

自治体の審議会・委員会をはじめ、総務省、（一財）地方自治研究機構、（一財）自治研修協会、（公財）日本都市センターなど諸機関の研究会に参画することで得られた知見やデータは、連載執筆に大いに活用させていただきました。

また、20年以上にわたる自治大学校での講師、及び、15年にわたる（一財）地域活性化センターでの全国地域リーダー養成塾主任講師の経験は、地域づくりに関わる全国の有志・自治体職員をはじめとした地域人財と交流し、親睦を深める貴重な機会でした。そこからの学び・気づき抜きに本書は考えられないほどです。本文に結実できたこともありますが、それだけではありません。もし少しでも行間に深みを感じていただけるとすれば、これら仲間のおかげです。

（公財）全国市長会館には、『市政』（平成25年4月号）掲載の拙稿「地域担当制は何をもたらすのか」の転載（一部修正のうえ第3章3として構成）をご快諾いただきました。厚くお礼申し上げます。

さて、最後になり恐縮ですが、本書出版までに関わられた（株）ぎょうせいの皆さんには、本当に配慮の行き届いた丁寧なご対応に感謝申し上げます。地域づくりでは、制度や仕掛けをつくっておしまいではなく、いかに活かしていくかが肝要だとすれば、本づくりも同様でしょう。多くの方々の支えがあって初めて成り立つからには、著者としての覚悟をまっとうしたいと思います。

なお、本書刊行で月刊『ガバナンス』連載から〝卒業〟かと思っていたのですが、本年4月号から新連載「地域発！マルチスケール戦略の新展開」として再デビューです。ダウンスケーリング（虫の目）だけでなく、アップスケーリング（鳥の目）の視点も加えて、より豊かで躍動感あふれる自治体戦略についてて考えてみたいと思います。どうぞ引き続きよろしくお願いいたします。

令和3年6月

著　者

■著者略歴■

大杉　覚（おおすぎ　さとる）
東京都立大学法学部教授

1964年生まれ。東京大学大学院総合文化研究科博士課程修了、博士（学術）。成城大学法学部専任講師、東京都立大学法学部助教授などを経て現職。専門は、行政学・地方自治論。研究テーマは、大都市制度、行政組織・人事制度、自治体政策形成、地域づくり、地域コミュニティに関する研究。

自治大学校講師のほか、（一財）地域活性化センター全国地域リーダー養成塾主任講師、多摩市第7期自治推進委員会委員・会長、世田谷区せたがや自治政策研究所所長など、国、自治体の審議会・研究会の委員等を多数歴任。

共著に、『これからの地方自治の教科書』（第一法規　2019年）、『地方自治論―変化と未来』（法律文化社　2018年）、『人口減少時代の地域づくり読本』（公職研　2015年）、『シリーズ自治体政策法務講座4　組織・人材育成』（ぎょうせい　2013年）など。

コミュニティ自治の未来図
共創に向けた地域人財づくりへ

令和３年７月30日　第１刷発行
令和６年６月10日　第３刷発行

著　者　大杉　覚

発　行　株式会社ぎょうせい

〒136-8575　東京都江東区新木場1-18-11
URL：https://gyosei.jp

フリーコール　0120-953-431
ぎょうせい　お問い合わせ　検索　https://gyosei.jp/inquiry/

〈検印省略〉

印刷　ぎょうせいデジタル株式会社

ISBN978-4-324-11017-1
(5108728-00-000)
〔略号：コミュニティ未来〕

これからの地方自治を創る実務情報誌

月刊 ガバナンス

ぎょうせい／編集

〔毎月1日発売〕

手に取るだけで地方自治の“今”と“これから”がわかる！
自治体職員・議員・首長の皆さまの定番誌

お勧めポイント

◆2つの特集で社会や地域そして組織や職場の課題をタイムリーに考察

特集1 ⇒ 行政改革や災害対策、社会保障、まちづくりなど、自治・地域の重要課題を深掘りします。

特集2 ⇒ 自治体職員のスキルアップや悩み解決に役立つ情報をコンパクトにわかりやすく紹介します。

◆自治体の最新情報が満載の「DATA BANK」

記事数は毎月約60本！ 自治体の先進施策がコンパクトに読めます。

◆地域の暮らし、人々を見つめるカラーグラビア

●つぶやく地図　●技の手ざわり　ほか

◆自治体経営のエッセンスとスキルアップのヒントが満載！充実の連載ラインナップ

好評連載中

●管理職って面白い！　●「後藤式」知域に飛び出す公務員ライフ
●自治体DXとガバナンス　●自治体の防災マネジメント　●新・地方自治のミライ
●市民と行政を結ぶ情報公開･プライバシー保護　ほか

新連載～ 2024年4月号スタート！

●交差点～国×地方
●今日から実践！すぐに役に立つ！「公務員による研修」のススメ
●カスタマーハラスメント対策 Q&A　ほか

年間購読がお得です！

年　間　購　読　料

〈1年〉14,256円（1冊あたり 1,188円）⇨単号購入より **10%off**
〈2年〉25,344円（1冊あたり 1,056円）⇨単号購入より **20%off**
〈3年〉33,264円（1冊あたり　924円）⇨単号購入より **30%off**

A4変形判
単号定価 1,320円
（10%税込）

※年間購読料は税込･送料込の料金です。

株式会社 ぎょうせい
〒136-8575 東京都江東区新木場1-18-11
フリーコール
TEL：0120-953-431［平日9～17時］ FAX：0120-953-495
https://shop.gyosei.jp　ぎょうせいオンラインショップ　検索